金融精英卓越计划系列

人民币战略

中国如何构建国际货币

[英] 帕乌拉·斯帕奇（Paola Subacchi） 著　隋钰冰 译

THE PEOPLE'S MONEY

How China Is Building a Global Currency

中信出版集团 | 北京

图书在版编目（CIP）数据

人民币战略：中国如何构建国际货币 /（英）帕乌拉 · 斯帕奇著；隋钰冰译 . -- 北京：中信出版社，2019.3

（金融精英卓越计划系列）

书名原文: The People's Money: How China Is Building a Global Currency

ISBN 978-7-5086-9398-9

Ⅰ . ①人… Ⅱ . ①帕… ②隋… Ⅲ . 人民币 - 金融国际化 - 发展战略 - 研究 Ⅳ . ① F822

中国版本图书馆 CIP 数据核字 (2018) 第 197567 号

人民币战略——中国如何构建国际货币

著　　者：[英] 帕乌拉 · 斯帕奇
译　　者：隋钰冰
出版发行：中信出版集团股份有限公司
（北京市朝阳区惠新东街甲 4 号富盛大厦 2 座　邮编　100029）
承 印 者：北京通州皇家印刷厂

开　　本：787mm × 1092mm　1/16　　印　　张：16.75　　字　　数：225 千字
版　　次：2019 年 3 月第 1 版　　印　　次：2019 年 3 月第 1 次印刷
京权图字：01-2017-4274　　广告经营许可证：京朝工商广字第 8087 号
书　　号：ISBN 978-7-5086-9398-9
定　　价：60.00 元

服务热线：400-600-8099
投稿邮箱：author@citicpub.com

推荐序

在全球贸易摩擦中重新思考人民币战略

当前，全球主要经济体之间频繁出现贸易摩擦，全球经济格局面临影响深远的重构。在新的市场环境下，中国当然有必要重新深入思考人民币战略。因此，我很高兴看到《人民币战略——中国如何构建国际货币》中文版面世，这有助于当前的研究。实际上，当我们回头来梳理美日贸易摩擦的历史时，我们也可以清晰地看到，在贸易摩擦的背后，美元和日元之间的相互影响，才是影响更为深远的事情。

在这本书中，帕乌拉·斯帕奇女士完整地介绍了过去一个世纪中国货币体系的演进脉络。她对中国的银行体系、国有企业改革及对外贸易关系这些和人民币国际化相关的历史背景进行了梳理，并在此基础上，对中国为自己的货币（人民币）建立一个国际性角色这一重大命题，提出了自己的见解。

近20年来，虽然中国经济的崛起模式促进了经济的飞速发展，但作者认为，金融抑制体系下的货币正制约着中国的发展前景，人民币的国际化成长空间仍需要拓展。作者认为，若要清楚中国的货币困境，关键在于理解中国的人民币策略：尽管中国已是全球第二大经济体，但和大部分发展中国家一样，中国仍然是“不成熟的债权人”，主要用美元贷款；如果需要从国际市场上借钱，大部分债务也必须用美元而不是人民币计价。中国在国际金融中的地位与其在国际贸易中的地位并不匹配。如果能实现人民币计价交易，中国既可以降低成本，也可以降低企业进行海外贸易和金融交易的汇率风险，还可以减少在金融上对美元的依赖。2008年全球金融危机产生的动荡，再加上中国作为全球第一大债权国和第二大经济体的地位，促使中国认定有限度的国际流通的人民币更符合国家发展的需要。人民币能否扩大、延伸触角，将影响中国在世界经济体系中的前景。

毫无疑问，在相对较短的时间内，人民币国际化已经取得了显著的进步。自2009年以来，中国对外贸易中以人民币结算的比重从不到1%增加到20%以上。如今，人民币已成为全球第五大国际支付货币。不过，人民币在全球支付总量中的占比只有3%，远低于美元（45%）和欧元（27%）。此外，人民币贸易结算基本上集中在亚太地区，特别是与中国香港以及与周边国家和地区的双边贸易中。

2015年11月，人民币被纳入国际货币基金组织（IMF）的特别提款权（SDR）货币篮子，这是中国经济融入全球金融体系的一个重要标志，意味着人民币正式获得国际官方机构认可，成为全球金融体系的一部分。但“入篮”只是人民币国际化目标的重要起步，全球人民币计价资产的实际需求仍然相对较低。与其他SDR货币相比，海外人民币存款总量大约为1万亿元，人民币计价贷款总值在1 500亿~2 900亿元，与美元（50%的全球银行总负债为美元计价）、欧元（约30%）、英镑（5%）和日元（3%）相比依然很低。当前，人民币只占全球央行持有外汇储备总量的1.5%，而美元和欧元分别占了62.5%和20.4%。

显然，人民币还走在成为国际货币的路上。与其他发展中国家（如巴西、印度和俄罗斯等）不同，中国经济规模足够大，可以为其货币发展提供体量和规模。但是，一种货币若要追求一定的国际地位，必须要达到一定的市场条件，才能履行其价值储藏的功能。作者认为，在成为国际货币的道路上，中国的目标并不是争取让人民币取代美元成为主宰性国际货币：从美元本位的优势来看，这也是现实的目标。当前，作者认为中国官方似乎也并不愿意完全放下对汇率的控制；保持出口竞争力仍优先于促进汇率灵活性，考虑的仍是人民币过强的相关风险；推动人民币的海外使用，将给予进出口商、投资者、储户更多选择。因此，中国期待的是一个从基于美元的国际货币体系向一个多货币的多极体系的转变，中国（及其货币）的立足点确定在要与其他大国一样占据一个重要位置。正如世界银行预计的，2025年全球货币最可能出现的情景将是一种围绕美元、欧元和人民币为中心的多种货币并存的格局。

至少就中期而言，这样的人民币国际化策略是务实的，即建立更多样化、更均衡的国际货币体系，避免国际货币体系中的美元短缺。同时，中国当前的经济金融结构转型和开放，有利于国际市场将人民币作为国际贸易结算、金融产品计价以及储备货币的比重逐步提升。而中国的资本市场不断对外开放，扩大了人民币跨境资本流动；沪港通、深港通和债券通的陆续推出，也探索出一条中国的资本进行全球配置的新渠道，“一带一路”倡议的推进和“走出去”需求的增长，会逐步推动人民币结算比例进一步提高，并带动更多的跨境投资、融资和全球范围的资产配置。

人民币的未来走向，将对中国乃至世界经济前景产生重大影响，这也是作者及其所属机构英国皇家国际事务研究所对此主题进行持续研究的重要原因。在全球经济格局重整之际，此书以不同的角度看待中国推动自身货币的国际化历程，这也有助于为我们的思考和研究带来启示。

是为序。

巴曙松　教授
北京大学汇丰金融研究院执行院长
中国银行业协会首席经济学家
香港交易所首席中国经济学家

推荐语

帕乌拉·斯帕奇将与中国经济和政治相关的渊博知识，应用到对中国货币引人入胜且信息丰富的探索中，考察了这个经济巨人如何发展人民币战略，以及如何在经济不稳定、经济增长放缓和国内社会紧张之时以合理的姿态登上世界金融舞台。

——黛安·科伊尔（Diane Coyle）

启蒙经济学家、《国内生产总值：一段简短而深情的历史》

（*GDP: A Brief but Affectionate History*）作者

在撰写这本书的过程中，帕乌拉·斯帕奇与众多学者进行了深入而广泛的交流，她从这些交流中获取的见解以及自身对这一主题的研究经验，让这本书值得每一位有兴趣了解人民币历史及其未来可能性的人士阅读。

——吉姆·奥尼尔（Jim O’neill）

英国财政部前商务大臣

中国为创造人民币的国际地位所进行的尝试，体现了中国地缘政治的雄心、金融改革的努力以及经济增长的前景。在这部重要的著作中，帕乌拉·斯帕奇将人民币国际化作为一个窗口，来探讨这些有关中国经济、金融和政治未来更大的问题。她的分析令人鼓舞且通俗易懂，这本书对专业和非专业的读者都具有吸引力。

——巴里·艾肯格林（Barry Eichenreen）

《镜厅：大萧条，大衰退，我们做对了什么，又做错了什么》

（*Hall of Mirrors: The Great Depression*，*The Great Recession and the Uses the Misuses of History*）作者

前　言

中国——世界上人口最多的国家，既是世界发展的奇迹，也是世界稳定的潜在因素。

——《中国：经济的重新评估》

（*China*：*A Reassessment of the Economy*）

一位非中国居民应如何参与中国发展问题的讨论呢？在我写这本书时，我也多次问过自己这个问题。一位中国朋友提供了一个确信的答案，他对中国和中国以外的问题均有所关注。他引用了一句中国的俗语："外来的和尚会念经。"他认为，我就像外来的和尚一样，与经常就这些问题展开日常讨论的国内知情者相比，我拥有更为客观的优势。因此，外来者更能看清中国人民币战略的全貌。本着外来和尚的精神，我将国内知情者的知识和所有信息联系起来，开始研究并撰写《人民币战略》（*The People's Money*）这本书。

为什么要讨论人民币呢？那是因为自邓小平提出改革开放以来，货币和金融在这一非同寻常的转型过程中被忽略了。中国的崛起让全世界人民惊叹。现在，中国是世界上最大的经济体之一，与大部分发达国家并驾齐驱，但中国仍然保留了发展中国家的特征，如较低的人均收入水平和有限国际化的货币。要想成为一个经济和金融大国，中国需要拥有一种能够被用于国际贸易和金融的货币，以及非中国储户和投资者希望在其投资组合中持有的货币。

中国正在尝试将人民币发展为国际货币，并进行银行和金融领域的改革，而这一过程并不简单。经历多次的尝试与失败，众多因素相互交织，人民币战略的全貌并不清晰。但是，有一点是肯定的，即世界上其他国家都必须认清和理解中国的未来。在本书中，我尝试通过多方面的努力来描绘整个战略，如解读官方文件、分析数据、引用事实证据以及分析官方和非官方的谈话——包括官员们的默认，他们不能明确承认这项宏大的计划。

本书呈现了目前我对中国“人民币战略”的理解，如果这一战略成功了，中国将开启中国资本的新纪元，并像“十三五”规划中所提到的那样，为2020年全面建成小康社会做出贡献。我尝试收集自2010年以来中国实施的所有政策来评价这项战略，同时对中国近年来的经济发展历程进行概括。因为探索中国的过去对于理解中国当前的发展至关重要，过去的发展历程和当前的现状为确定真正的行动目标提供了框架。

中国的未来和人民币的未来是中国专家的研究重点，但本书不仅仅是为他们而写。本书用平实的、浅显易懂的语言进行叙述，旨在吸引对经济和金融事件感兴趣却止步于过多专业词汇的读者。我的同事阅读了书稿的早期版本，他们惊讶于在书中未找到任何的表格或图形，这是为了让本书的内容围绕框架展开而特地选择的叙述方法。

当然，《人民币战略》也是一本关于美元的书，因为只要谈及人民币和中国，就不得不提及美元和美国。特别地，我尝试将讨论集中于人民币的崛起是否会导致美元地位的下降。很多书的内容都涉及美元的未来，而其中大部分是由美国学者为本国读者而写的。如果中国继续推动长期的金融和货币改革，人民币的国际化会如何影响美元未来发展的轨迹呢？本书从不同的视角对这一问题进行了讨论。

全书中，如果没有特别注明，那么“美元”均指美国的美元。中国的货币被称为人民币，人民币也是自1949年中华人民共和国成立以来中国货币的官方名称。也许它也可以用“元”来表示，元是人民币的货币单位——就像“英镑”，“英镑”是英国货币的官方名称，而“镑”也是英镑的面额。最初，名称“元”指的是泰勒（thaler），即西班牙帝国所铸造的银币。日元中的“元”和韩元中的“元”均来自同一个汉字“元”。有趣的是，在中文里，美元被称为“mei yuan”或“American yuan”。

致　谢

本书的撰写就像一场自我折磨。很多人的支持、热情和有益帮助让我将这种折磨控制在可容忍和可控制的水平。即使是这样，我也知道这个过程是令人难以忍受的！感谢斯蒂芬（Stephen）、菲利普（Philip）、弗朗西斯科（Francesco）、马丁娜（Martina）和萨布丽娜（Sabrina）以及其他人能够包容我。

一群不平凡的女士对本项目的推动发挥了重要作用。莎拉·奥科耶（Sarah Okoye）在我忙于写这本书时让我保持条理性。莱斯莉·加德纳（Leslie Gardner）在这本书还仅仅是一个想法的时候就对这个项目充满信心，安排好“完美匹配”（perfect match），即使在每件事看起来都有问题的时候也会保持微笑。布丽奇特·弗兰纳里–麦科伊（Bridget Flannery-McCoy）是来自“天堂”的编辑，她智慧、幽默而专注，她帮我将一份无趣的初稿变成了一本非专业读者都可能有兴趣阅读的书。

香港财经事务及库务局前副局长及查塔姆研究所首届朱利叶斯研究基金的在职研究员梁凤仪（Julia Leung），帮助我看到一个更宏大的背景以及理解中国人民币战略的长期影响。她非常慷慨地花时间参与讨论，提供项目启动时的关键要点，并分享自己的渊博知识以及对中国金融部门的理解。

余永定总是非常乐于向我分享他的想法，并在我的想法过于“香港化”的时候提醒我。高海红、李婧和李远芳不仅在北京与我多次共进午餐和晚餐，还与我分享他们对中国经济的广博知识，他们以各种可能的方式支持本项目的开展，尤其是利用他们的朋友关系。感谢中国社会科学院世界经济与政治研究所（CASS-IWEP）团队的全体成员——特别是刘东民和徐奇渊，他们为讨论人民币国际化的多次研讨会提供了场地和技术支持。

特别感谢内阁办公室欧洲和全球事务秘书处主任克瑞翁·巴特勒（Creon Butler），伦敦金融城政府政策与资源委员会（the City of London Policy and Resources Committee）主席马克·博莱特（Mark Boleat），国际货币基金组织战略、政策与检查部主任悉达多·蒂瓦里（Siddharth Tiwari）。他们通过大量的交谈以及参加会议和研讨会向我提供帮助。

感谢中国驻英国大使馆的参赞杨华和英国驻中国大使馆的一等秘书乔治·诺里斯（George Norris）。他们帮助我认识了很多中国的专家，并使我的中国之行在后勤方面没有产生问题。

河合正弘（Masahiro Kawai）在2013年夏天邀请我作为一名访问学

者到亚洲开发银行研究所（Asian Development Bank Institute）了解日元国际化的相关经验。非常感谢他对我关于日元的论文与我进行了多次交谈，并进行了评价，同时为本书第6章的内容提供了一些材料。同时，也特别感谢乔瓦尼·卡帕内尔里（Giovanni Capannelli）、加乃山·维格那拉加（Ganesh Wignaraja）和宏伊藤（Hiro Ito）。

位于奥斯陆（Oslo）的挪威诺贝尔学会（Norwegian Nobel Institute）图书馆为本书关于中国的经济史提供了一些背景材料，这是我能够获得有趣报告的公开来源之一。这些报告是我在对中国进行大量走访后，美国国会委托中国撰写的。我也要感谢盖尔·伦德斯塔德（Geir Lundestad）和阿什勒·托耶（Asle Toje）在2013年邀请我到学会进行了为期数周的访问。

我想要感谢郭万达及中国（深圳）综合开发研究院（CDI）的同事在2011年夏天为我安排的访问深圳的活动。这是我的“马可·波罗之旅”，深圳不仅是中国非同寻常的改革开始的地方，也是中国最具活力和实力的城市之一。

在研究和撰写书稿的过程中，我有幸与部分地区的主要政策制定者一起，就中国复杂的金融改革和人民币国际化进行了讨论。感谢中国证券监督管理委员会副主席方星海，国务院参事夏斌，第十二届全国人民代表大会财政经济委员会副主任委员吴晓灵，中国人民银行研究局首席经济学家（2014—2017）马骏，中国人民银行金融研究所所长及驻国际货币基金组织中国执行董事金中夏，香港财经事务及库务局局长陈家强，香港金融管理局总裁陈德霖，香港金融管理局高级顾问穆怀朋，台湾大学校长管中闵，台湾金融管理机构前副主席及台湾银行董事长李纪珠。

很多来自地区和国际组织的官方人士与我展开了广泛而自由的讨

论。他们中的一些人不愿意透露姓名，但我仍然要向他们表示感谢。

我也与很多专家和业界实践者进行了令人兴奋的、有趣的和富有挑战性的讨论，他们十分乐于分享自己的见解和资料，我从他们在会议和研讨会上对我的评价中受益匪浅。他们都以一定的方式为本项目提供了帮助。我试着列举所有人，但肯定不可避免地有所疏漏。非常感谢以下人士：乔纳森·巴顿（Jonathan Batten）、安德烈亚斯·鲍尔（Andreas Bauer）、詹姆斯·鲍顿（James Boughton）、格雷格·钦（Greg Chin）、杰瑞·科恩（Jerry Cohen）、诸立力（Victor Chu）、狄东成（Di Dongcheng）[1]、凯利·德里斯科尔（Kelly Driscoll）、安迪·菲拉尔多（Andy Filardo）、艾丽西亚·加西亚–埃雷罗（Alicia Garcia-Herrero）、凯特·吉本（Kate Gibbon）、斯蒂芬·格林（Stephen Green）、托马斯·哈里斯（Thomas Harris）、何东（Dong He）、许士军（Paul Hsu）、保罗·詹金斯（Paul Jenkins）、李胜军（Gary Liu）、约翰·努格（John Nugée）、斯蒂芬·皮克福德（Stephen Pickford）、乔依德（Yide Qiao）、李昌镛（Changyong Rhee）、安德鲁·罗扎诺夫（Andrew Rozanov）、施雅德（Jesús Seade）、汉妮·桑德尔（Henny Sender）、瓦苏克·沙斯（Vasuki Shastry）、席睿德（Alfred Schipke）、大卫·瓦因（David Vine）、汪勇（Wang Yong）、艾伦·惠特利（Alan Wheatley）、刘旭（Xu Liu）[2]、严瑾（Jinny Yan）、琳达·岳（Linda Yueh）、杰弗里·于（Geoffrey Yu）、朱一楠（Yinan Zhu）[3]。

保罗·范登·诺德尔（Paul van den Noord）、柯成兴（Danny Quah）、李婧和高海红阅读了本书初稿，并提出了宝贵建议，为本书的最终出版

1　音译。——译者注

2　同上。

3　同上。

做出了重要贡献。当然，他们不对本书的任何错误承担责任。同时，我也感谢三位匿名审稿人提供的大量建设性意见。

乔恩·特尼（Jon Turney）和安娜玛丽亚·维森廷（Annamaria Visentin）自愿作为外行读者阅读了本书的初稿，并对本书是否能够打破专业障碍进行了严格测试。如果我们的友谊经受住了这场考验，那么这本书就有可能不会太枯燥。

显然，项目的进行离不开大家的支持。我要感谢约瑟芬·曹（Josephine Chao）和J. 阿什利·吴（J. Ashley Wu）在台北对我的帮助，他们安排的每一次出行都十分令人难忘。我还要感谢海伦娜·黄（Helena Huang）、马修·奥克森福德（Matthew Oxenford）和多米尼克·威廉姆斯（Dominic Williams）对本次研究的帮助。海伦娜收集了大量的数据，并在中国的实地考察工作中发挥了极为重要的作用。此外，我还要感谢协调本书出版工作的本·科斯达德（Ben Kolstad）、编辑谢里·戈德贝克（Sherry Goldbecker）、哥伦比亚大学出版社的瑞安·格朗戴克（Ryan Groendyk）以及查塔姆研究所的所有同事。

引 言

2016年1月，中国在国际金融界引起了轩然大波。在2016年的最初两周中，上证综合指数（Shanghai Composite Index）下跌了18%，人民币从2014年年底起进入了下降通道，同时，中国经济十多年来首次出现明显的放缓趋势。所有这些现象都紧随2015年的一系列事件：2015年6月，中国股票市场暴跌；2015年8月，中国进行汇率改革，人民币进一步贬值。此外，中国政府似乎无法平息市场的剧烈波动，其举措缺乏理性和效率。熔断机制的引入引发了更多的市场恐慌，而其本身是为了稳定市场而设计的保护措施，规定在股票价格下跌7%时自动停止交易。并且，当时的中国证券监督管理委员会主席肖钢在未宣布接任人选的情况下突然被免职，加重了市场的恐慌。

经过30多年令人惊叹的发展，中国目前处于十分关键的时期。中国政府希望将国家建设为具有重要金融影响力的国家，为邓小平于1978年发起的由计划经济向市场经济的经济转型交出一份答卷。2012年年底，习近平当选中共中央总书记，他改变了中国经济政策的进程，强调私人部门在经济发展中发挥的重要作用，强调改善商业银行系统、发展现代金融市场，并制定和实施商业法规。其面临的挑战包括减少政府干预——特别是针对国内的大型银行和国有企业之间已形成的利益网络——和停止按照社会和政治控制（非合理的投资策略）分配资源。这些行动对于中国获得经济、政治超级大国的称号都是必要的。然而，在中国面对的每一个经济目标和挑战中，都深层次地隐含着人民币难题。

事实上，中国已经发展为主要的工业和贸易国家，却并不拥有能够反映其世界地位的货币，这是目前中国所面临的悖论和局限。其矛盾之处在于，中国从对外开放和融入世界发展中受益匪浅，而人民币却是一种“有限国际化”的货币。人民币的境外流通受到限制，无法较为便利地兑换为其他货币或是被境外银行的储蓄账户持有。人民币几乎不用于国际交易，而非中国居民和机构（包括企业、银行和政府）所持有的投资组合也几乎不包括人民币。因此，中国主要依靠美元对其生产的产品进行计价和销售，同时需要用美元支付进口货款、对外投资以及开展其金融外交。中国积累了庞大的美元储备——官方储备约为32亿美元[1]，以满足和应对这些经济活动，同时还有大量资本可以用于海外并购。然而，由于需要通过美元主导的货币体系充当“经纪人”才能全面发挥作用，中国在金融货币体系的地位受到局限。最重要的是，中国的外汇储备——中国的财富——对于美元价值的变动非常敏感。

当一个国家更加融入区域或全球的经济发展中，其经济规模跻身世界前列时，一国使用自身货币参与贸易和金融的观点就会变得更加令人信服。货币是国家的血液，是“遗传”的印记和标识，是一国世界地位的缩影。例如，美元是美国的标识，也是其国家权力的储存之地以及

1　2016年4月数据。中国人民银行的数据可从路透社（Reuters）Datastream数据库获取。

“过度特权”（Cxorbitnt privilege）的来源之一。中国需要拥有国际货币来提升国力，扩大在货币体系中的影响力，增强地缘政治权威，并与美国并驾齐驱。

中国希望并且需要将人民币发展为可用于境外结算的人民币，同时希望减少对美元的依赖，支持这一做法不仅仅局限于政治和外交的原因。在参与境外贸易或金融交易时，以人民币计价将减少中国企业的费用和汇率风险。因此，扩大人民币的国际用途将有利于中国的境外商业及投资活动。重要的是，将人民币发展为国际货币时，中国将减少官方储备中的美元储备，而将人民币的盈余用于海外投资和贷款——同时，如有必要，还可以用本国货币为债务进行融资。

将人民币发展为国际货币是中国的长期计划，尽管中国股票市场存在短期的徘徊，但这一计划仍然应当保持。计划的模式非常直观：利用中国在国际贸易中的地位推动人民币的使用，同时消除人民币在国内市场流入和流出的限制，以提升人民币在境外的可用性，即提高人民币的境外需求。历史经验显示，一种货币在国际贸易中的使用应当由其在金融活动中的使用来支持和匹配，而允许更开放的投资和货币流动对发展货币的国际应用至关重要。

这是中国的历史突破点。考虑到由于对其系统有所影响的计划经济的遗留部分，这种遗留部分就像其对利率与汇率的管理一样，虽然它为中国经济增长提供了增长动力，但是阻碍了货币的发展，因此中国更难以简单地遵循传统途径。为了让人民币实现更加自由地流动，中国必须加速机构改革和经济再平衡，但这并不意味着中国可以直接并立即“对外开放”。为了创造一种流动性良好的且值得信任的货币，并可以像现在的美元那样满足全球对安全资产的需求，中国需要做出以下行动：改善银行、企业和机构的内部治理，控制腐败，保持既得利益。最重要的是，中国政府必须找到一种方式开放其金融市场和银行部门，同时保持其独特的混合性——“具有中国特色的社会主义”，让国有控制与自由市场、国外投资、私有财产和个人主动性并存。

良好的内部治理和透明度十分关键，不仅有利于推动人民币更好地流动，还有利于改善中国的本国货币持有者对人民币的认识，让他们感受到人民币是值得持有的货币。当前，外国人对中国的机构和政策体系信心不足，即使北京最终解除了境外参与国内市场投资的限制，国外投资者仍然对中国货币没有足够坚定的信心。

中国如何才能使其他国家相信人民币是一种值得使用和持有的货币，就像美元、欧元、英镑或日元那样呢？除了增加货币的透明度、开放性以及可计量性外，中国政府还需要向世界其他国家证明，即使是由于中国国内的政治和经济环境需要，中国也不会降低人民币的外部价值，即人民币的汇率。无论身处何地，无论在何种环境下操作，人民币持有者都可以使用人民币交换他们所需要的东西，同时人民币会保持其自身的价值，人民币持有者需要对此充满信心。

而当前的世界经济状况使整个问题进一步复杂化。1990—2008年，中国在稳健和蓬勃发展的全球经济背景下发展显著，但2008年，受全球金融危机冲击，全球经济进入了一个充满不确定性的时期，中国面临的国际环境变得非常不利。当前，中国正面临着管理实体经济过程中的挑战，这些挑战源于需求不足、地缘政治冲突以及自身不断增长的债务所造成的阻碍。

这一切表明，中国政府希望打破美元霸权，但并不是要用人民币体系代替美元体系。更确切地说，中国希望人民币成为一种新的国际多元货币体系下的主要货币，这反映了一个事实，即世界经济不再由美国主导。

政府如此忙碌。它能够在进行全面改革的同时而不影响社会和谐、政治平衡和金融稳定吗？与此同时，我们讨论的中心是，它能够在实现人民币目标的同时保持适度的国家控制吗？中国会如何选择？

我认为，一种选择是继续推进和加速金融改革的进程。即使加速推进，在中国特色的社会主义市场经济体制下，金融改革也需要时间——而对中国而言，时间紧迫。因此，另一种选择是建立一种有管理的可兑换机制，换言之，在鼓励人民币进行国际兑换的同时，保持对资金流入和流出本国的控制。很多西方专家都怀疑，一种货币在流通受到大量限制的情况下是否能够实现国际化，但中国官方评论认为，中国可以在保持资本控制的同时实现人民币一定程度的国际化。

在本书中，我将用10章的内容展示中国及其货币的故事。我用背景介绍作为开篇，在第1章中，我首先介绍了国际货币的概念，并明确了后续章节进行讨论的框架。我发现，资本流动不仅在最近20年驱动了世界经济的转型，也导致了更多的金融不稳定性，而且使全球经济在经济危机中更加脆弱。然后，我分析了一种货币如何才能成为国际货币——尤其是美元的发展过程。最后，在本章的结尾部分，我讨论了中国过去30年里非同寻常的改革背景，以及美元主导的货币体系如何加速了中国的改革。

在第2章和第3章中，我就中国的经济转型进行了讨论，这次转型始于20世纪70年代末的改革开放，并证明了出口和投资对于中国发展的重要性。在第3章中，我专门就中国的金融抑制体系进行了讨论，在这样的体系中，借款成本被人为地控制在低水平，国内储蓄率高企和金融抑制导致了中国金融业的结构性失衡。然而同时，这样的体系也维持着低效率，这阻碍改革的进行，并因此制约着人民币向国际货币发展。在这两章中，我强调了本书的核心问题：为什么中国不创造自己的国际货币而是依赖美元？为什么中国非同寻常的改革没有包括人民币的改革？

在介绍完背景后，我探讨了中国的困境，即中国成为最大贸易国却没有将自己的货币用于大部分贸易的结算（第4章）。在第4章中，我讨论了中国经济政策的两个关键特征：资本控制和有管理地钉住汇率政策。过去数年中，这两个特征创造了中国经济非同寻常的改革，保持着中国的出口竞争力，并为经济快速增长和就业增长提供了动力，但同时也导致了人民币的发展受到限制。

在第5章中，我研究了非国际货币导致的成本和管理汇率的成本——尤其是充当不成熟的贷款人所面临的局限（没有能力借出人民币）。我在这一章的结论中讨论了当网络外部性和惰性对变革产生强大的抑制作用时，中国挑战美元货币体系所面临的困难。

如何创造国际货币是第6章所关注的主要问题，在这一章中，我评价了在中国人民币战略的背景下，其他国际货币发展的经验教训，尤其是日元。人民币战略是一个动态的过程，在相对较短的时间内，将一项为鼓励人民币的区域使用而设计的计划演变为一个更为复杂的政策导向框架。这个框架旨在通过鼓励人民币的跨境贸易结算和建立人民币离岸市场，将人民币转变为国际货币和国际金融资产。在第6章和第7章中，我研究了中国相应的主管部门为克服人民币的局限性和建立人民币市场所集中采取的措施。

在第8章中，我对自人民币战略建立以来人民币国际化的过程进行了评价，并讨论了这一战略如何扩展到其他政策领域和行业，以及这一战略如何鼓励在全球范围内的主要国际金融中心使用人民币——但不包括美国。我也讨论了中国近期通过“有管理的可兑换”来开放金融部门所进行的尝试，即配额制度和对资本流动的限制。

在第9章中，我讨论了中国的金融改革，并认为中国政府将需要很长的时间来改革当前的金融体系——如果他们完全有能力这样做的话；否则，放松资本流动限制，尤其是对资本流出的限制，可能会违背保持国内银行金融资源充足性的目标。因此，当前管理的可兑换将支持人民币的境外流通与使用。

在第10章中，我进行了总结，近5年来，人民币已经成为亚洲主要的区域性货币，而人民币战略为将人民币的流通范围扩大到亚洲以外的区域创造了条件。但是，人民币的国际化还有很多工作要做，还需要政策的进一步推动。然而，除非改革加速，否则人民币将保持有限的国际化，并且需要更长的时间才能成为国际货币。在其他条件相同的情况下，人民币将最终成为国际多元货币体系中的主要货币，从而降低美元的相对权重。但是，受其他因素的影响，人民币不会替代美元成为主要的国际货币，而整个世界也正在逐步摆脱单货币体系。

中国正在做的事情对其自身和全世界的发展都至关重要。如果中国成功建立国际货币，那么它将开启中国资本的新纪元，我们今天所看到的以美元为主导的货币体系将会彻底转变。中国政府将此作为人民币战略的发展方向。然而，中国是否能够成功地实现这一目标，将人民币发展为世界人民（包括中国人民和非中国人民）都喜欢使用的货币，我们还需拭目以待。

目录

1

货币是游戏规则制定者

货币是我们这个时代的游戏规则制定者，它在全球范围内流通，促进经济体之间的一体化——国家之间的一体化，甚至整个世界的一体化。[1]每天都有价值约为2万亿美元的国际货币在进行着跨境流动。这些交易中近90%属于金融资本流动，也就是说，它们是资本导向的投资，而非用于商品和服务的购买。[2]这些国际货币因商业或金融目的而被买卖，即使微小的汇率变动也会带来利润（损失）。

自20世纪80年代以来，很多国家都放松或解除了仍然存在的资本流动限制。这种所谓的金融自由化是全球化的当前阶段——具有贸易往来与相互投资关系国家之间的经济一体化——与世界曾经经历的类似阶段相区别的重要特征。例如，第二次世界大战后的数年，美国与西欧的许多国家都逐渐废除了很多贸易限制——1957年，德国、法国、意大利、比利时、卢森堡和荷兰建立了关税同盟，并成立了欧洲经济共同体（the European Economic Community），但是它们仍然保留了对资本流动的控制。

不断加深的一体化进程推动了很多国家完全开放了经常账户，这

1 Barry Eichengreen，*Globalizing Capital*：*A History of the International Monetary System*（Princeton，N.J.：Princeton University Press，1998），1.

2 Benn Steil and Robert E. Litan，*Financial Statecraft*：*The Role of Financial Markets in American Foreign Policy*（New Haven，Conn.：Yale University Press，2006），3.

意味着货币可以自由流动并用于支付商品和服务；同时，很多国家也在逐渐开放资本账户，这意味着货币可以自由流动到拥有更多机会的地方，从而进行投资。个人、公司以及金融机构可以从国际市场借款、持有股权、分散资产，也可以在国外投资，充分利用经济快速增长带来的发展机遇。相对而言，全球投资的增长远比全球贸易的扩张明显。1990—2007年，在金融危机爆发之前，全球贸易增长了近5倍，然而国际资本流动总量却扩张了11倍。

随着金融自由化，信息技术的创新，以及高性能、低成本计算机的普及，货币以更快的速度流通。现在，触碰按键的瞬间就可以实现大量资金的跨境流动。计算机在金融领域的应用增加了市场的容量，使得国际货币的高频交易成为可能，这种交易通过比人工操作迅速得多的系统自动实现。因此，近20年的全球外汇市场发展迅速，每日市场成交量就是证明。自1989年4月（首次对外汇市场数据进行统计的时间）以来，外汇交易增长了近8倍。[1]

出于两点原因，金融全球化出现了转型。第一，货币流动为经济活动注入活力，同时创造了更多的货币，世界变得更加富裕。法国经济学家托马斯·皮凯蒂（Thomas Piketty）在他的畅销书《21世纪资本论》（*Capital in the Twenty-First Century*）中观察称，1987—2013年，世界范围内的成年人人均收入每年都以高于通货膨胀率1.4%的速度增长。这种增长在发展中国家表现得更加强劲，并且尤为显著。通过使用一

1　针对外汇数据的调查每三年进行一次，交易额数据用参考年份4月的数据衡量。参见国际清算银行（Bank for International Settlements）发布的《三年一度中央银行调查报告——2013年4月全球外汇交易统计初步结果》（巴塞尔国际清算银行，2013年9月）。2013年4月，全球外汇市场交易额达到5.3万亿美元。2016年的三年一度调查在2016年12月发布。

项比成年人人均收入更容易获取的指标，我们发现，在1990—2014年的新兴市场，人均收入以115%的速度增长（按2010年美元实际价值计算）——从大约2 265美元增长到4 870美元。[1]例如，在韩国，人均收入从1987年的3 000美元左右增加到2014年的25 000美元左右；在马来西亚，人均收入从1987年的不足2 000美元增长到2014年的近10 000美元。[2]最贫穷的国家也经历了人均收入的快速增长，即使很多人依旧位于国际贫困线之下，即每天1.9美元的生活标准。以加纳为例，人均收入从1987年的不足400美元增长到2014年的1 600美元，但这个国家近四分之一的人口仍然位于国际贫困线之下。[3]

很多人都见证了自己的生活水平有所改善，并且其中一部分人变得非常富裕。1987—2013年，世界上每位成年人按照实际价值计算的平均财富以每年2.1%的速度增长。然而，世界上最富有的人见证了自己的财富以3倍于此的速度增长。[4]亿万富翁的数量也有所增加。目前，世界上有超过1 800名亿万富翁，他们拥有总计近7万亿美元的财富。[5]这个数字甚至超过了整个日本经济的名义价值。这些超级富翁中的很多人来自发展中国家，其中，中国、印度和俄罗斯处于领先地位（分别拥有251名、84名和77名亿万富翁），美国位居榜首，有540名亿万富翁。

1 Oxford Economics Datastream data series.

2 调整的净人均国民收入保持在2005美元不变。Oxford Economics Datastream data series.

3 Figures for 2012，“World DataBank：World Development Indicators，” World Bank，http：//data.worldbank.org/country/ghana.

4 Thomas Piketty，*Capital in the Twenty-First Century*（Cambridge，Mass.：Harvard University Press，2014），435.

5 “The World’s Billionaires 2016，” *Forbes*，March，1st 2016，http：//www.forbes.com/billionaires/list/#version：static.

不仅个人变得更加富裕，而且国家的财富也有所增加。在全球产业链（如中国）或能源供应链（如沙特阿拉伯和其他石油生产国）中发挥关键作用的国家都积累了大量的美元财富和金融资源。目前，这些国家的金融财富总计已经超过10万亿美元（自1995年以来扩张了7倍多，当时仅拥有1.4万亿美元），这些财富同时集中于中央银行的外汇储备和主权基金中。外汇储备通常用于管理和稳定汇率（我们将在第4章对此进行进一步的讨论），以及应对货币危机。主权财富基金（由主权政府拥有的投资基金）则注重资源依赖型国家的长期发展需要：它们为了子孙后代的利益要确保“国家财富”的完整。[1]

金融全球化出现转型的第二个原因与第一个原因直接相关：更多的货币意味着货币更加廉价。在本章的后续部分，我将考察廉价且容易获得的货币产生的效应——它如何将世界经济紧密联系在一起，导致金融资源的不平衡和错配，使全球经济在金融危机面前更加脆弱。然而，为了同时了解廉价货币在全世界范围内流通时所带来的机遇与风险，我们需要首先了解如何让货币在全世界范围内流动。

哪一种货币用于国际贸易与金融

世界经济中存在着多种不同类型的货币，从国家货币（如美元）到超国家货币（如欧元），甚至虚拟的加密货币（如比特币）。由主权国

1 主权财富基金尚没有被普遍接受的定义，因此，这些基金通常和主权养老基金以及官方外汇储备相混淆。美国财政部负责国际事务的副部长克莱·楼瑞（Clay Lowery）将主权财富基金定义为：“一种由外汇资产支持的政府投资工具，其管理独立于官方储备。” Robert Kimmitt, “Public Footprints in Private Markets: Sovereign Wealth Funds and the World Economy,” *Foreign Affairs* 87 (2008): 119–130.

家发行并以一国的中央银行为支撑是货币的主要特征，这也是“真实”货币与购物卡、航空里程等的不同之处。从这种意义上来讲，加密货币不是传统货币。例如，比特币并非由任何政府发行，它的供给并不取决于中央银行的决策，而是由数学算法决定的。[1]

国内企业、跨国公司、政府、国际组织、个人甚至犯罪分子都需要货币，并用于支付国际商品和服务。目前，大约有180种官方货币，它们由主权政府发行或是由若干主权政府共同发行，但并不是所有的这些货币都能用于国际贸易。要想在国际上使用，一种货币至少必须成为在国际上被接受的支付手段，也就是说，它必须在各国之间的商品和服务贸易中被接受。

国际货币的另一个特征是，它必须具备流动性，这意味着货币必须在任何时候都有足够的数量来满足外界对它的需求。当国际货币的流动性充足时，世界经济运行良好，流动性可以确保国际贸易（如商品或服务的进出口）简洁、迅速地实现结算。

此外，国际贸易参与者需要在不使用时可以储藏的货币，无论是下雨还是天晴，这些货币都能够保持价值。价值储藏是货币的一项重要功能，它使得个人、家庭、企业和政府可以进行储蓄和投资。为了使同样的货币能够购买的商品和服务的数量最大化，他们不需要在今天进行消费，因为他们能在将来用这笔储蓄购买到同样数量的商品和服务。这使得个人、企业和国家为了在下一阶段进行消费或投资，而在现阶段进行储蓄。例如，国家为了应对下一阶段财政支出的增加而储蓄，如为了应对人口老龄化。当需要确保自己退休后的收入时，个人也会做出类似的选择，即进行储蓄。储蓄还可以用于缓冲未预期到的事件或冲击。如

---

1 Nathaniel Popper，*Digital Gold*（New York：HarperCollins，2015）.

果一国的出口突然下降，则可以用储蓄来支付必需的进口支出，如食品和能源。国家也需要持有充分的储备来应对流动性的突然枯竭，如2008年秋雷曼兄弟（Lehman Brothers）破产后的美国。在这些情形下，货币被认为能够保持价值，因而资金以货币的方式持有。

最后，由于货币也为政府部门所使用，所以最可能成为国际货币的是那些可以作为外汇汇率参考基准的货币（如所有的货币都以美元或欧元计价）以及可以作为外汇市场干预手段的货币。这些主要的国际货币不仅为国际货币体系提供了稳定性和流动性，也为其他较弱的货币提供了锚，使它们可以通过代理来实现稳定。

当今，国际货币是一种法定货币：政府依据其司法权宣布货币为法定货币。它以信用为基础，其价值与任何实物商品的价值无关，比如黄金或白银。因此，政策以及发行货币国家机构的信心和信任十分关键。[1]外国人持有国际货币需要相信发行货币的机构不会推行降低货币价值的政策（如保持低利率以支持国内经济增长会导致货币疲软）或稳定性的政策。如果货币变得不稳定，出现大幅的持续波动，那么个人、企业、外国央行和政府就会对其失去信任，同时会将货币转换为其他更加稳定的资产。因此，发行国际货币的国家需要注入或保持对货币价值的信心。货币的价值可以通过观察货币汇率变化（它揭示了货币价值的不稳定性）的长期趋势予以确认，也可以通过观察一国长期的通货膨胀率以及国际净债权国持有的头寸予以确认。此外，对发行国政治稳定的信任对于非本国居民持有国际货币也至关重要。

综上所述，哪些货币能够成为国际货币呢？为什么？众多不同的因素确定了一种货币的国际用途。发行国的经济规模及其在世界贸易中

1　在经济学文献中，信心和信任是同等的概念。但这里我希望将两者区分开，因为它们分别隐含了货币的两种特征：价值（信心）和流动性（信任）。

占据的份额、市场发展、偏好和习惯是最关键的。主要的国际货币——美元、欧元、日元和英镑——都是由本国经济和外部条件位居世界前列的国家（或曾经位居前列的国家，如英国）发行。

这些货币都满足前文所讨论的条件，它们的跨境使用和流动不受限制（或几乎没有限制），它们可以在世界范围内取得和兑换。以英镑为例，不居住在英国的人可以购买英镑，并用于不同的用途——从贸易到旅游，还可以轻松地在本国的银行账户中持有以英镑计价的存款。（但并非一直如此：第二次世界大战之后，英国对允许流入本国和流出本国且用于国际贸易的英镑数量实施了严格的资本管制。在随后的章节中，我们将探讨在中国实施此类管制的一些原因。）

此外，这些国家都拥有流动性强、多样化的金融业，关于合同履约的完善的法律制度，以及稳定的、可预测的政策。金融业是发展和支持国际货币发展的关键，因为国际投资者需要获得以这种货币计价的各种金融工具，这些金融工具可以在不同的市场上交易。同时，它们也需要发达的二级市场，以提供大量的金融工具、可用的流动性和对资本流动的有限限制。

国际货币不只是一种金融中介的工具，它还使得发行国扮演世界银行的角色，即将短期的流动存款转换为长期的贷款和投资，并且都以本国的货币计价。[1]这种转换改变了投资的久期，并为长期项目提供了资金支持；同时，它将金融资源的供给和需求连接在一起，促进了经济增长。但是，它也包含了造成国内经济不稳定的潜在因素，以及全球经济中短期债务和长期资产不匹配而导致的不可调和的矛盾——正如我们

1 George S. Tavlas and Yuzuru Ozeki，*The Internationalization of Currencies*：*An Appraisal of the Japanese Yen*，IMF Occasional Paper 90（Washington，D.C.：International Monetary Fund，1992）.

从美国次级抵押贷款市场中所吸取的教训，这也是2008年全球金融危机产生的根源。在这种情况下，房地产市场的崩溃和低信用评级借款者的违约——实际上是次级贷款的借款者——引发了银行系统的崩溃，并导致了全球金融危机。这是怎么发生的呢？银行存款被转换为发放给次级贷款者的住房抵押贷款。随后，这些次级抵押贷款被再次打包为金融产品出售给其他银行、保险公司和各种类型的金融机构。当美国的房地产市场下跌时，这些贷款的担保或抵押损失了大部分价值，而以此为基础的金融产品和在资产组合中持有这些产品的银行会面临崩溃。

储备货币

如果一种货币成为储备货币，那么它就真正获得了国际地位，因为中央银行认为这种货币具有流动性和稳定性，足以将其纳入央行的储备当中。除特例外，储备货币在世界官方储备中的份额大致反映了其发行国的经济状况，并密切反映了该货币在国际贸易中的使用情况（当然，这个特例就是中国——一个我们稍后会进行讨论的谜团）。例如，英镑占官方外汇储备总额的5%，而英国的经济规模接近世界经济总规模的4%。瑞士的经济规模更小（不足世界经济总规模的1%），瑞士法郎则占官方外汇储备总额的0.3%。[1]英镑和瑞士法郎是官方储备货币的一部分原因是历史性的——第二次世界大战之前，英镑是主要的国际货币；另一部分原因是金融性的——英国和瑞士都是国际最大规模和最具活力金融中心的所在地。

1　IMF，Currency Composition of Official Foreign Exchange Reserves （COFER），http://data.imf.org/?sk=E6A5F467-C14B-4AA8-9F6D-5A09EC4E62A4&ss=1408243036575.

由于瑞士的制度框架和中立的外交政策，瑞士法郎在危机时期一直扮演着“避风港货币”的角色。因为其合理的经济政策、强大的制度框架和发行国的政治（或地缘政治）稳定性，避风港货币被认为是一种尤为可靠的货币。当金融出现不稳定或地缘政治风险很高时，储蓄者和投资者纷纷转向和囤积避风港货币。

然而，这样做也存在成本。当货币需求增加时，外汇汇率也会升高，此时，一种货币过于强势会对发行国的国内经济不利。例如，自2008年9月金融危机爆发至2011年9月，投资者蜂拥而至，将瑞士法郎作为经济不确定性的避风港，瑞士法郎相较于欧元升值了近50%。2011年9月6日，瑞士货币当局宣布：“当前瑞士法郎的过度升值对瑞士经济造成了严重威胁，并伴有通货紧缩的风险。”[1]瑞士货币当局的解决方案是为瑞士法郎设定升值上限，并将瑞士法郎兑欧元的最低汇率设定为1.20法郎兑1欧元，同时瑞士货币当局声明已经准备好“无限制地购买外汇”来维持该“最低汇率”。最终，这一策略被证实难以维持，2015年1月15日，在欧洲中央银行转向实施量化宽松（QE，量化宽松是一种非传统的货币政策措施，在这种措施中，中央银行以增加金融资产价格和降低其收益为目的，在市场上买入金融资产）的过程中，瑞士货币当局宣布让法郎恢复浮动。这一举动是超出预期的。国际货币基金组织的总裁克里斯蒂娜·拉加德（Christine Lagarde）也认为这一行动“有些意外”[2]——特别地，瑞士国家银行（Swiss National

1　“Swiss National Bank Acts to Weaken Strong Franc,” BBC Business News, September 6, 2011, http://www.bbc.co.uk/news/business-14801324.

2　“Swiss Stun Markets and Scrap Franc Ceiling,” *Financial Times*, January 15, 2015, http://www.ft.com/cms/s/0/3b4f6c14-9c9a-11e4-971b-00144feabdc0.html#slideo.

Bank）在几周前才重申了其维持瑞士法郎钉住欧元政策的承诺，并实行负利率以维持汇率上限。尽管这一突然的举动无疑损害了瑞士中央银行过去数年建立的信誉，但瑞士法郎在声明宣布之后的早盘交易中飙升了30%。

近年来，储备货币的定义进一步细化，央行储备中持有的货币与国际货币基金组织特别提款权篮子中的关键货币之间存在实质性的差别。[1]被纳入特别提款权篮子是与国际货币建立联系的一种方式，这些国际货币包括主要储备货币以及其他未被频繁使用且属于货币储备边缘的货币。总而言之，对于“货币是否是一个所有货币构成的国际货币体系”这一问题，其认知尚不明确。美元、欧元、英镑、日元以及2015年12月被纳入的人民币，是特别提款权篮子中指定的货币，正如我在全书所讨论的，人民币不同于其他被纳入篮子的货币。它们是世界最大经济体所发行的货币（如美国、中国、日本和欧元区）或者是系统重要性经济体发行的货币（如英国），这意味着它们的政策可能会对其他国家产生系统性的影响——由于它们金融系统的规模。特别提款权篮子中主导的货币是美元，拥有41.73%的份额；随后是欧元，拥有30.93%的份额。人民币拥有10.92%的份额，而日元和英镑分别拥有8.33%和8.09%的份额。[2]

1　特别提款权是国际货币基金组织于1969创造的国际储备货币，它既不是一种货币，也不是一种从国际货币基金组织获得的权利；相反，它是从国际货币基金组织的成员国获得的一种可自由使用货币的权利。这些货币可以通过成员国之间的自愿交换获得。此外，国际货币基金组织可以指定较发达的成员国购买欠发达成员国的特别提款权。

2　“IMF Executive Board Completes the 2015 Review of SDR Valuation，” Press Release 15/543，International Monetary Fund，December 1，2015，http：//www.imf.org/external/np/sec/pr/2015/pr15543.htm.

我们信任的美元

美元是主要的国际货币，它是最重要的关键储备货币（约占官方储备份额的65%[1]），可以用于绝大部分国际贸易的定价、开票以及跨境贸易结算。美元将全球经济联系在一起，是所有货币中最为重要的。[2]

美元的主导地位可以追溯到很久以前。1943年，美国的谈判者正准备就战后复苏展开讨论，他们认为美元“很可能成为战后稳健货币体系结构的基石”。[3]事实上，在第二年的布雷顿森林（Bretton Woods）会议中，美元成了国际货币体系的标准。参与会议的国家同意将其货币钉住美元，并将汇率波动幅度维持在1%以内，也就是说，其货币升值或贬值的幅度不能超过美元的1%。美元为这个由美国黄金储备支撑的体系提供了流动性，当时美国的黄金储备占全世界央行黄金储备的四分之三。在这一体系下，美元至少从理论上能够以35美元/盎司的价格兑换为黄金。

在布雷顿森林会议中，美元被置于新的多层次货币法律框架和金融关系的中心。这一框架的两个机构也在这次会议中诞生：国际货币基金组织和国际复兴开发银行（International Bank for Restruction and Development，现在是世界银行的一部分）。特别地，国际货币基金组织

1 IMF，Currency Composition of Official Foreign Exchange Reserves （COFER），http：//data.imf.org/?sk=E6A5F467-C14B-4AA8-9F6D-5A09EC4E62A4&ss=1408243036575

2 Eichengreen，*Globalizing Capital*.

3 Armand van Domael，*Bretton Woods*：*Birth of a Monetary System* （London：Macmillan，1978）：200–202，引自 Harold James，“Cosmos，Chaos：Finance，Power and Conflict，” *International Affairs* 90，no. 1 （2014）：47.

立足于管理国家之间的固定汇率协定（尽管在“基本面失衡”的情况下允许进行调整），并向处于危机的国家提供收支平衡的援助（贷款）。[1]

然而，布雷顿森林体系面临着两个目标之间不可调和的矛盾，即维持关键货币的价值和保障世界经济的流动性。为了向国际支付体系提供必要的流动性，发行关键货币的国家最终陷入了经常账户赤字——反映了一国通过借入而用于消费和投资的资金超过了国内的储蓄。由于外国投资者期望通过货币贬值来减少赤字，持续的经常账户赤字削弱了对货币的信心和信任。[2]1960年，比利时经济学家罗伯特·特里芬（Robert Triffin）详细阐述了这一难题，后来被称为“特里芬难题”（Triffin Dilemma）。

随着人们对主要储备货币的信心开始减弱，其他国家需要减少经常账户盈余，以使他们的货币升值或是转换为其他储备资产。但是，在布雷顿森林体系中，由于所有其他的货币都与美元挂钩，转换为其他储备资产并不可行。因此，如果其他国家没有准备减少经常账户盈余或允许其货币升值，美国的经常账户赤字就会继续扩大，进而降低对美元的信心。20世纪60年代末期，美国坚持认为其同盟国会通过通货膨胀或货币升值来进一步降低经常账户盈余。另一方面，欧洲和日本则认为率先行动并减少大额赤字是美国的责任——美国是通过发行美元融资的。

1 关于布雷顿森林会议和布雷顿森林体系，参见 Harold James，*International Monetary Cooperation Since Bretton Woods*（Oxford：Oxford University Press，1996），and Benn Steil，*The Battle of Bretton Woods*：*John Maynard Keynes*，*Harry Dexter White*，*and the Making of a New World Order*（Princeton，N.J.：Princeton University Press，2013）.

2 然而，这并不是一个必要条件，同时没有理论证明经常账户赤字是必须的。通过资本账户的中介作用，即使在经常账户盈余的情况下，也可以供给关键货币，就像美国在第二次世界大战之后的情形。

他们拥有的一项共同手段用以抑制美国政策的自主权，即要求将累积的美元资产转换为黄金。但是，这相当于一个“核选项”，因为它将对美国和西方同盟国的外交关系造成巨大损害。这一策略同样也可能导致大量的资本损失——美元多于黄金，因此不可能将所有央行持有的美元兑换为黄金。这导致大多数政府不愿意要求将所持有美元进行兑换。[1]最终，1971年8月，美国单方面决定暂停美元的可兑换性，并让货币市场决定其价值。欧洲和日本别无选择，只能接受布雷顿森林体系已经结束的事实。

然而，尽管美元的主导地位受到挑战（最明显的就是来自欧元的挑战），但它仍然是个人、企业和国家愿意持有的货币。虽然冷战后的世界发生了变化，但国际货币体系却没有发生实质性的改变，美元依然发挥着主导作用。总而言之，对于寻求稳定和安全的庇护以预防金融冲击和地缘政治风险的非美国居民而言，美国的经济规模，流动性强、多样化的金融市场，稳固的公共机构和有效的法律体系使得美元依旧是具有吸引力的货币。交易习惯、网络外部性和货币转换的惰性也是美元取得成功的很大一部分原因，美元在全球范围内的广泛使用，阻止了其他货币形成有效的网络而威胁美元的主导地位。

因此，随着布雷顿森林体系的瓦解，非美国的美元持有者相信，美国货币当局会迅速地在不让货币贬值的情况下满足流行性需求。由于美元的主要国际货币地位，它需要大量的供给来满足其可获得性，并且是以远大于任何其他国际货币的数量。最后的结果是，美国政府和美联储（Federal Reserve）的意向和行动受到其他发行国际货币的政府和央

---

1 Benjamin Cohen, “Bretton Woods System,” in *Routledge Encyclopedia of International Political Economy*, ed. R. J. Barry Jones （London: Routledge, 2001）, 95–102.

行更加密切的关注。

理论上，如果投资者认为他们的最佳选择是被迫放弃美元资产，则其信心和信任的损失会引发大量的资本外逃——简而言之，就是带上钱逃走。不受控制的资本外流和投机冲击会威胁主要国际货币的稳定性，并且最终威胁到货币发行国。例如，当英国在1931年放弃金本位制度时——随后是美国和其他国家，投资者由于担心英镑崩溃，开始将他们的资金转移到其他地方。然而，各国政府进一步通过施加贸易和外汇操作的限制作为回应，这标志着国际经济和贸易体系的崩溃。

然而，实际上，其他国家的人通过美元的涨跌变化维持着对美元的信心。在金融危机之前，他们对美元的需求增长强劲。例如，美元在美国GDP（国内生产总值）中所占比重的潜在需求在1990年和2008年分别增长了10%和20%，增长幅度超过了美国经济。[1]这一需求在2008年之后也没有明显下降，尽管美国银行业和金融业发生崩溃，但美元依旧是众多外国投资者希望持有的避风港货币。2011年，投资者对美元的需求超过美国GDP的23%，5年后该比例约为17%。[2]事实上，他们最终除了美元别无选择，这也揭示了为什么非美国个人和机构不管美国国内的政治及其对货币产生的短期影响如何都继续持有美元。

1 Bank for International Settlements, *Locational Banking Statistics—External Position of Banks in Individual Reporting Countries* (Basel: Bank for International Settlements, December 2012).

2 Bank for International Settlements, *Locational Banking Statistics—External Position of Banks in Individual Reporting Countries* (Basel: Bank for International Settlements, December 2015); "Table 1.1.5, Gross Domestic Product," National Data, Bureau of Economic Analysis, U.S. Department of Commerce, November 24, 2015, http://www.bea.gov/itable/.

当货币变得廉价

金融自由化使得个人、企业和政府更容易在全球范围内实现资金流动，支付商品和服务，投资高增长的经济体或产业，以及以最有利的利率进行借款。当借款条件宽松时，货币变得更容易获得，同时借款的成本（利率）下降，因此货币变得廉价。这是我们在20世纪90年代末期至21世纪早期的扩张时期所看到的情况，这一时期被称为“大缓和时期”（Great Moderation）。由于发展中国家的廉价商品和较低的石油价格，美国和欧洲的消费价格指数降到历史新低。央行将维护价格稳定作为重要的使命，受抑制的通货膨胀的压力反而为央行维持长期宽松的货币政策立场（降低利率和借款成本）提供了合理的依据。

廉价货币为推动全球经济发展提供了动力，但也带来了重大的风险。首先，它鼓励过度的信贷增长，进而产生无法维持的消费和投资。在全球金融危机之前的数年，信贷已经较容易获得（尤其是在美国），很多人陷入可以比支付能力消费更多的幻想，成为受害者。例如，西班牙就见证了过度的信贷增长产生的房地产市场的泡沫和信贷拉动的需求，这些反过来导致了严重的经常账户赤字。2007年，该赤字达到了西班牙GDP的10%，这是美国经常账户赤字占GDP比重的两倍，这被认为是非常失衡的，对此，我将在下一部分进行讨论。

廉价货币产生的另一个问题是，低利率倾向于鼓励投资者“寻求回报”，并产生承担更多风险的意愿，而高风险投资产生高回报。风险资产和低质资产的过度暴露将导致波动性、金融不稳定以及2008年危机爆发时的情形。因为信贷能够被轻松地获得，所以不断增长的美国住房抵押贷款市场反过来推动了房地产市场的扩张和个人消费的增长。由于很多人（和银行）对房地产市场的扩张抱有不切实际的预期：他们相信只要需求强劲——房价在上升，其附属的债务就最终能够被偿还并且风险很低，螺旋式上升的债务被认为是可以维持的。货币持续地流入，借款成本仍然维持低水平，而自身抵押贷款的数量在不断增长。

金融危机前的数年，廉价货币导致了一种不可忽视的金融异象。2005年2月，美联储主席艾伦·格林斯潘（Alan Greenspan）对世界债券市场之“谜”表示关注：尽管短期利率在上升，但长期利率却在下降。[1]长期投资通常比短期投资拥有更高的收益率，因为长期投资的久期更长，同时对投资者来说风险更大。“这种发展趋势，”格林斯潘解释道，“与大多数的经验相违背，根据经验，在其他条件不变的情况下，上升的短期利率通常伴随着上升的长期利率。”[2]他发现投资者在长期以比短期更低的利率借出资金是无法解释的。虽然债务增加，但机构投资者还愿意继续将资金借给美国政府吗？这或许令人难以置信，因为这些年美国发生了大幅的双重赤字：经常账户赤字（当进口远远超过出口时）和预算账户赤字（当公共部门的支出远远超过了其收取的税收时）。因为信贷的增长伴随着债务人最终偿还债务能力的不确定性，所以当两类账户赤字同时增长时，信贷倾向于枯竭。

几周后，接替格林斯潘出任美联储主席的本·伯南克（Ben Bernanke）提出了一种假说——“全球储蓄过剩”（global saving glut）——来解释这个谜。伯南克认为，当所谓的储蓄过剩国家（发展

1　2005年年底，为了冷却市场活动，美联储将联邦基金目标利率提高了175个基点。

2　Alan Greenspan，“Federal Reserve Board's Semiannual Monetary Policy Report to the Congress”（testimony before the Committee on Financial Services，U.S.House of Representatives，February 17，2005）.

中国家，特别是亚洲制造业经济体和石油出口国）出现储蓄超过投资的情况时，这就会导致全球实际利率下降，并增加了信贷的可获得性。这是一种供给大于需求的情形。因此，储蓄在全球范围内的增长可以解释“相对较低的长期利率”。[1]

众所周知，储蓄过剩假说只是更复杂的动态过程的一面，但它是支持那些不愿意看到廉价货币走向终结的人的一个理由。在格林斯潘任期的最后几年，他提出不对泡沫破灭实施干预的观点，因为他认为，在不知道市场会如何反应的情况下，央行的作用不在于抑制繁荣，而在于在泡沫破灭后提供支持并“清理残局”。[2]因此，他挑战了认为央行的作用是“解散聚会并拿走酒杯”的传统观点。[3]这可能成为一项艰巨的任务：当货币很廉价且很多人获得了廉价货币时，很难改变政策。“只要音乐仍在继续，你就必须起身舞蹈。”花旗集团（Citigroup）前首席执行官查克·普林斯（Chuck Price）在2007年接受《金融时报》（*Financial Times*）采访时说道。[4]

2008年，音乐停止了。全球金融危机迫使美国削减债务水平。进

1 Ben Shalom Bernanke, “The Global Saving Glut and the U.S. Current Account Deficit” (Sandridge Lecture, Virginia Association of Economists, Richmond, March 10, 2005).

2 Alan Greenspan, *The Age of Turbulence: Adventures in a New World* (New York: Penguin, 2008).

3 1951—1970年的美联储主席威廉姆·麦克切斯尼·马丁（William McChesney Martin）用“拿走酒杯”来描述中央银行的职责：“在宴会渐入佳境时拿走酒杯。”引自 Lou Schneider, “Trade Winds: Credit Controls Policy Unchanged,” *Greensboro Record*, October 25, 1955.

4 Michiyo Nakamoto and David Wighton, “Citigroup Chief Stays Bullish on Buy-Outs,” *Financial Times*, July 9, 2007, http://www.ft.com/cms/s/0/80e2987a-2e50-11dc-821c-0000779fd2ac.html.

口需求下降，贸易赤字缩小。在后危机时代的衰退中，货币政策变得更加宽松，并使用了量化宽松的非传统手段来支持增长。在危机后的几年中，发达国家的利率几乎降到了零；美国和英国的央行不得不使用量化宽松政策来维持经济的流动性，几年后，日本银行和欧洲中央银行也紧随其后。2010年秋季，巴西财政部部长吉多·曼特加（Guido Mantega）抱怨美联储的货币政策导致多个国家为了保持出口竞争性而降低汇率。“我们正处在国家货币的战争中，货币普遍面临贬值，”他在2007年接受《金融时报》采访时说道，“这威胁到了我们，因为这剥夺了我们的竞争力。”[1]

2013年，当伯南克发出可能终止量化宽松的信号时，资本流动发生了逆转。投资者开始质疑一些高速增长的新兴经济体的能力和可信度，变得更加挑剔。这揭示出一种不平衡，尤其是在廉价货币推动了过度债务的国家。印度、巴西、印度尼西亚、南非和土耳其被认为是“脆弱五国”（fragile five），因为它们没有能力抵抗资本外流（外国货币离开本国而流向其他国家）。事实上，当伯南克表现出美联储的政策将在2013年春季缩紧时，货币开始从这些国家的市场外流，从而导致灾难。这种被称为“削减恐慌”（taper tantram）的现象，有力地说明了世界经济的一体化程度，而新兴市场国家和发展中国家在发达国家实施的政策中首当其冲。正如印度储备银行（Reserve Bank of India）的官员拉扬·拉赞（Raghuran Rajan）在印度的彭博电视采访中所说：“工业化国家必须在重建（合作）中发挥作用，它们不能在这时候甩手走人并说，

1 Jonathan Wheatley and Peter Garnham，“Brazil in a ‘Currency War’ Alert，” *Financial Times*，September 27，2010，http：//www.ft.com/cms/s/0/33ff9624-ca48-11df-a860-00144feab49a.html.

‘我们会做我们需要做的，而你们来进行调整’。”[1]

2013年的“削减恐慌”预演了2016年1月爆发的更为严重的金融危机和货币不稳定。在这一年的最初两周中，上证综合指数下跌了18%，与2015年夏天的低谷期非常接近；受中国经济低于预期增长的消息影响，人民币开始贬值。不同于2013年、2008年，甚至1997年——亚洲金融危机席卷了区域内的大多数国家而唯有中国幸免于难，这一次，中国处于金融不稳定的中心。正如我将在本书的剩余部分进行讨论的，与1997年相比，将人民币发展为国际货币的过程使得中国在金融全球化中更加开放。但是，中国的银行和金融体系尚没有强大到能够吸收国内的冲击并在全球经济中产生影响。

美元处于中国转型的中心

以美元为中心的金融全球化是中国（以及亚洲）在20世纪90年代和21世纪初发展的背景环境。廉价货币——实际上是廉价的美元——推动了对中国和其他亚洲国家生产商品的需求，其结果是，极为活跃的经济活动导致经济的快速增长（尤其是在中国，但在其他亚洲国家也是如此）。然而，中国的发展模式也为金融的极端不平衡提供了土壤。在大约10年的时间里，直到2008年全球金融危机爆发，世界上的其他国家目睹了中国过度储蓄支撑美国过度消费的异常和潜在不可持续的局面。同时，美国人大量举债（大部分来自中国）并消费，全球需求持续走高，全球经济持续扩张。

1 Robin Harding, John Aglionby, Delphine Strauss, Victor Mallet, and Amy Kazmin, “India’s Raghuram Rajan Hits Out at Unco-ordinated Global Policy,” *Financial Times*, January 30, 2014.

在强劲需求的支持下，美国对中国的贸易赤字在2006—2007年达到高峰，此时，赤字超过8 000亿美元，或者说达到美国GDP的5.8%。[1]正如前文所提到的，为了给贸易赤字提供资金，美国不得不使经常账户赤字的数额等于其从国外借入的资金超过国内储蓄的部分，这些借入资金用于消费和投资。[2]

与美国经常账户赤字对应的就是中国经常账户盈余。2007年，美国经常账户连续3年出现赤字，金额达700亿美元，相当于其GDP的5%。2007年，中国经常账户盈余达到最高峰，超过了本国GDP的10%。[3]两国赤字和盈余的同时扩张为世界经济在金融危机前数年中存在的谜团提供了合理解释：世界最大经济体（美国）的经常账户赤字，这些赤字的资金支持大部分由新兴市场国家（特别是中国）提供。[4]

在某些方面，这两个国家是天然的互补品。中国自20世纪80年代以来的增长模式以出口、境外投资和外汇积累为主。同一时期，美国则专注于国内需求——尤其是个人消费，以推动经济增长。这期间，中国的储蓄显著增加而美国的债务显著增加。这些数字非常值得关注：中国

1 IMF Committee on Balance of Payments Statistics, *Annual Report 2006* (Washington, D.C.: International Monetary Fund, October 3, 2006).

2 从20世纪80年代起，美国的进口就大于出口，经常账户的赤字成为一种常态，只有1991年例外，经常账户出现了盈余。

3 IMF Committee on Balance of Payments Statistics, *Annual Report 2006* (Washington, D.C.: International Monetary Fund, January 2012). 在达到4 200亿美元，即GDP的9.3%的峰值后，中国在2008年出现盈余的下降：2013年下降了约1 830亿美元。尽管经常账户盈余出现了下降，但中国每个月创造经常账户盈余的能力依然保持在超过20亿美元的水平——这是20世纪80年代的3倍。

4 Ben Shalom Bernanke, "Global Economic Integration: What's New and What's Not?" (speech, Federal Reserve Bank of Kansas City's Thirtieth Annual Economic Symposium, Jackson Hole, Wyoming, August 25, 2006).

的总储蓄超过GDP的50%，而美国的总储蓄仅为GDP的17%左右。

在全球金融危机爆发之前，中国的储蓄和美国的债务能够维持全球的高需求，这为推动全球经济扩张做出了重要贡献。但是，要维持中国与美国之间的平衡——盈余国与赤字国之间的平衡，中国的汇率就必须保持足够低的水平以维持廉价的出口；同时，美国的利率也必须保持在足够低的水平以刺激消费和就业。换句话说，与中国低水平实际汇率相对的就是美国低水平的国内利率——所谓的“格林斯潘对策”。导致这一现象的原因可能是中国及其他盈余国对美国资产的强劲需求——伯南克储蓄剩余。

从某种程度而言，两国的政策结果是由两国共同决定的。只要中国继续干预汇率，只要美国可以利用低利率（廉价货币）来维持经济增长，这个体系就能够维持。此外，2003—2008年——大缓和时期的最后几年，不存在纠正赤字或盈余错配的压力。美国和中国都有能力达到其GDP增长和资源充分利用的目标，而世界上其他国家的经济也在稳健增长（尽管一些国家也遭遇了贸易和金融的失衡，如西班牙和爱尔兰）。没有动力去纠正这个系统，几乎没有专家或政策制定者认为这些失衡有问题。[1]这只是被简单地视为东亚向美国提供贷款的反映。[2]

全球金融危机爆发后，这种情形被彻底改变了。美元疲软，而利率相较于危机前的低水平出现进一步的下降。当利率维持在很低的水平时，世界范围内持续充斥着廉价的货币。进一步地，当美联储以及英格

1 Olivier Blanchard and Gian Maria Milesi-Ferretti，（*Why*）*Should Current Account Balances Be Reduced*？ IMF Staff Discussion Note 11/03（Washington，D.C.: International Monetary Fund，March 1，2011）.

2 Max Corden，“Global Imbalances and the Paradox of Thrift，” *Oxford Review of Economic Policy* 28，no. 3（2012）：431–444.

兰银行和欧洲中央银行将利率降至接近于零的水平并实施量化宽松政策时，货币在全球范围内流动以寻求回报，尤其是在发展中国家。最近，发达国家依然面临着低信心、高失业率和低需求的困扰，而发展中国家的经济在后危机时代急剧扩张（但自2015年以来，这种发展态势似乎陷入了困境）。

多年来，美元是国际货币机器的齿轮润滑剂，[1]推动着商品的需求，而中国及其他发展中国家变得越来越擅长生产这些商品。下一章中，我将讨论中国如何成功地利用以美元为基础的货币体系和廉价资本的可得性来发挥自身的优势。这使得中国发生了全面转型和经济稳健增长。但是，中国系统的缺陷［货币的国际流通受限，银行体系受抑制导致金融资源错配，以及健康与养老公共服务不完善（第3章）］制约了国内银行和金融体系的发展，同时强化了人民币是受限国际货币的定位。

1 Ronald I. McKinnon，*The Unloved Dollar Standard*（Oxford：Oxford University Press，2013），17–29.

2

中国非同寻常
但尚未完成的改革

廉价且容易获得的货币为中国改革提供了外部环境，而这次改革是我们这个时代非同寻常的事情。随着世界变得更加富裕以及货币的流通，中国迎来了经济转型，并且已经准备好更加深入地融入全球经济，以充分利用其他国家的开放政策。事实上，20世纪90年代末至21世纪初——大约在亚洲金融危机和全球金融危机之间，廉价货币刺激了消费需求，进而推动了中国出口的增长，并引导投资流向了中国。中国的经济以惊人的速度扩张，在新世纪的第一个10年，中国就夺回了约100年前在世界经济中曾经拥有的地位。

的确，中国曾是20世纪初世界上最大的经济体之一，1913年的GDP占全球GDP的9%。[1]两次战争对中国的经济造成了严重破坏：一次是与日本的战争；另一次是长期的内战。1949年，中华人民共和国成立，整个国家百废待兴。20世纪50年代，中国即使不是最主要的出口国（世界排名第13位），但仍然是重要的出口国，然而，当毛泽东在1953年开展第一个五年计划时，形势发生了变化。[2]“文化大革命”期间，中国贯彻自给自足的思想，这使得中国孤立于世界上大部分国家。

1 Angus Maddison，*The World Economy*，vol. 2，*Historical Statistics*（Paris：OECD Publishing，2007）.

2 这些年，中国极度依赖从苏联进口机器和设备。Nicholas R. Lardy，*China in the World Economy*（Washington，D.C.：Peterson Institute for International Economics，1994），1.

中国的国际贸易逐渐缩减，进口物资（如商品和半成品）主要用于本国的工业，而出口逐渐萎缩。1977年，中国进出口的总额不到150亿美元，在世界贸易中所占的份额仅为0.6%。中国的经济状况大幅下降，在全球GDP所占的份额缩减到2%左右。[1]

在国际资本市场上，中国更加孤立。除了短期的贸易信贷，中国没有向国际商业市场或世界银行一类的国际金融组织借入资金。同时，中国也不接受来自双边机构的外国援助。中国既不接受外国直接投资，也不进行海外投资。[2] 1948年，中国发行了统一的货币来替代各个地区之前所使用的不同货币，统一货币的名称为“人民币”。[3]为了让进口商品的价格更便宜，中国政府将人民币的汇率固定在一个明显较高的水平。这样就会导致人民币被严重高估和双货币市场的出现，该市场的官方汇率远远高于非官方汇率。

当时，外国居民几乎无法理解中国，外国专家很难预测中国的长期发展。1975年，基于对中国经济状况的详细调查，一些美国专家认为，中国会快速地发展，因为它有能力提高工业生产力和扩大产出。但同时他们也认为，中国不会成为世界主要经济体。中国极有可能在2000年远超其他较大的欠发达国家（less developed countries，简称LDC），但即使这样，也不能弥补其与世界发达国家之间的巨大差

1 Maddison，*The World Economy*.

2 Lardy，*China in the world Economy*，1.

3 华北人民政府发布公告：“为适应国民经济建设之需要，特商得山东省政府、陕甘宁晋绥两边区政府同意，统一华北、华东、西北三区货币。” Chen Yulu，*Chinese Currency and the Global Economy*：*The Rise of the Renminbi*（New York：McGraw-Hill，2014），21.

距……中国政府需要更多的时间达到工业平价。[1]20多年后的1999年，《经济学家》（*Economist*）认为，除非用“休克疗法”代替渐进式改革，否则中国的经济增长和现代化进程将不可持续。[2]

中国证明了上述观点都是错误的。2010年，中国超越日本成为世界第二大经济体，目前即将赶超美国（在某些度量指标中，中国已经超越美国）。过去30年，内外部因素的相互融合支持着中国的经济改革，而改革开放政策在激励中国经济增长的过程中发挥着前所未有的作用。庞大的人口为中国提供了廉价劳动力，使其共享世界经济发展带来的益处。人为的低利率使得中国的国有企业能够借入廉价的资金（国有企业是指以国家为唯一或主要所有者的企业），对汇率的调控使中国的出口保持着竞争性。自20世纪80年代以来，对外商直接投资的鼓励引进了技能、技术、国际经验以及接触国际市场的机会，当然，也引进了资本。1978—2015年，中国的实际GDP增长了3倍，达到近11万亿美元，占世界GDP总和的15%。[3]人均年收入从20世纪80年代早期的300美元增长到现在的8 500美元左右（按名义价值计算）。

无论是速度还是规模，中国的改革都尤为出乎意料和不同寻常。过去，一个国家的发展往往至少需要两代人的努力（发展过程包括实现从低附加值产业向高附加值产业的转变，实现人均收入的增长以及整体生活水平的提高），而中国仅用了不到一代人的努力就实现了。对于

1 *China*: *A Reassessment of the Economy*: *A Compendium of Papers Submitted to the Joint Economic Committee*, *Congress of the United States* （Washington, D.C.: U.S.Government Printing Office, July 10, 1975）, 41.

2 “The Death of Gradualism,” *Economist*, March 8, 1997.

3 IMF, “World Economic Outlook April 2016,” http: //www.imf.org/external/pubs/ft/weo/2016/01/pdf/text.pdf. 值得重申的是，在20世纪70年代转型的初期，中国在全球GDP中所占比例才刚刚达到2%。

中国人而言，这也是一个惊喜。（邓小平持有更为谨慎的预期，他反复强调："如果从建国起，用100年的时间把我国建设成中等水平的发达国家，那就很了不起。"[1]）我经常询问中国官员，30年前是否能够预测到如此成功的结果，他们给出的回答是否定的。一位日本财政部副部长对中国有着密切关注，我也曾向他提出过同样的问题，他毫不犹豫地回答道："在我的有生之年不会看到。"与之相反，中国的成功成了我们这个时代伟大的故事。

然而，一个真正的谜团在于，中国的货币没有与其不同寻常的发展齐头并进。尽管现在的中国在世界经济中具有举足轻重的地位，但人民币却在境外限制发行且只具备有限的流动性。中国的大部分出口（每年约2.7万亿美元[2]）和进口（每年约2.3万亿美元[3]）都以美元标价，并使用美元进行支付。这种情形不只出现在中国和美国的交易中，中国和大部分贸易伙伴的交易都是如此。中国是一个拥有非国际化货币的超级大国。

为何中国的经济能够增长得如此迅速，而其货币却没有与经济增长并驾齐驱？在本章中，我将对中国不同寻常的转型进行详细考察，探索其转型的来源以及获得成功的原因。我将指出，一方面可能是因为世界经济的同时开放，另一方面可能是因为中国有能力参与不断扩张的全球市场，而这个市场是以美元为主导的。中国有独特的发展模式，并且

1 *Selected Works of Deng Xiaoping*, vol. 3, *1982—1992*（Beijing: Foreign Languages Press, 1994）, 370，引自 Henry Kissinger, *On China*（London: Allen Lane, 2011）, 445.

2 World Trade Organization, China country profile, http://stat.wto.org/CountryProfile/WSDBCountryPFView.aspx?Language=E&Country=CN（accessed May 16, 2016）.

3 同上。

正在进行转型，从基于计划经济的体系向以市场为导向的经济转变，即邓小平所称的“社会主义市场经济”。[1]贸易和投资成为中国经济发展的主要驱动力。在后续的章节中，我将讨论美元体系和金融抑制如何促进了中国的发展，以及这两个因素正如何制约着中国的发展，拥有非国际化货币的不利后果正在显现。

贸易：中国成功的驱动力之一

20世纪70年代末，不同于多年来孤立、自给自足和自立的策略，中国开始实施贸易自由化策略。随着美国前总统尼克松访问中国及中美友好关系的恢复，中国希望向世界开放的迹象在20世纪70年代初已十分明显。但是，直到邓小平在“文化大革命”结束后复出，中国才初步具有了对外贸易快速增长的条件。[2]

20世纪80年代初，邓小平宣布建立经济特区，1988年，赵紫阳宣布了沿海发展战略。随后，战略与机遇同时到来，中国成功的对外开放政策以及对国际贸易的充分利用，与冷战结束后20世纪90年代初世界经济的一体化和迅速扩张相叠加。中国政府积极地利用这次机会，推动国有企业（我将在第3章进行更多讨论）满足对廉价消费品和中间商品的需求。中国的沿海省份成为一个大型的出口平台。随着需求增加，出口也有所增加，这促进了中国经济的增长。而在这些贸易中用于结算的美元也开始流入中国。2001年，中国正式成为世界贸易组织（World

1 “计划经济不等于社会主义，资本主义也有计划；市场经济不等于资本主义，社会主义也有市场。”

2 Nicholas R. Lardy，*Foreign Trade and Economic Reform in China*，*1978—1990*（Cambridge：Cambridge University Press，1993），11–12.

Trade Organization，简称WTO）成员。中国加入世界贸易组织进一步推动了中国的出口。

随着中国国际地位与市场开放程度的进一步提升，以及中国需要遵循世界贸易组织规则，朱镕基开始推动全面改革，特别是针对国有企业的体制改革。[1]关税显著降低，同时中国政府被要求取消贸易许可证制度，之前，这一制度将跨境贸易的对象限定在少数获得许可的企业之中。[2]中国政府还同意采用知识产权国际保护标准，并对在中国运营的外国企业执行全球标准的待遇原则。但至今，中国在执行世界贸易组织规则过程中仍然存在一些问题，特别是在知识产权保护和外国公司待遇方面。但是，中国在削减关税方面取得了重大进展。目前平均约束税率（一个国家对世界贸易组织其他成员国承诺的最惠国税率）仅为9.2%，而印度和巴西分别为34.4%和30.7%。

我们对这次改革取得的成效有目共睹。中国已经成为全球最大的出口国和制造国之一，目前是美国和欧洲的主要贸易伙伴。2014年，中国的商品和服务贸易量约为5万亿美元，超过世界贸易总量的10%。[3]对比1990年的情况，中国在世界贸易中的贡献仅为1 150亿美元，不足世界贸易总量的2%。[4]当前，贸易已成为中国经济增长的一项重要动力。商品和服务的进出口贸易总量约占中国GDP的47%；而1978年，这一比例还不到10%。例如，在日本、印度和巴西，贸易只占这些国家

1 Edward S. Steinfeld，*Playing Our Game：Why China's Rise Doesn't Threaten the West*（Oxford，England：Oxford University Press，2010），29.

2 同上。

3 “Statistics Database，” World Trade Organization，accessed May 16，2016，http：//stat.wto.org/Home/WSDBHome.aspx.

4 同上。在1927—1929年的中共武装起义时期，中国的贸易仅占世界贸易的2%；参见Lardy，*China in the World Economy*，1.

GDP的25%~30%。[1]

1850—1900年、1900—1960年以及1960—1990年，英国、美国和日本分别是这3个时期世界最大的普通消费品制造国。目前，中国是世界最大的普通消费品制造国（大约占世界总产量的三分之一）。这些普通消费品包括家用电器、玩具、自行车、摩托车、鞋类、纺织品、电脑、照相机、手机、手表、机床等，甚至还有圣诞节装饰品。中国是124个国家的重要贸易伙伴。[2]《财富》世界500强排行榜中有70家企业为中国企业（2002年仅有11家）。[3]中国企业成为多个领域的全球领导者。例如，在电子产品行业，中国的智能手机产量约占全球产量的75%，而个人电脑产量则超过全球产量的85%。“中国制造”的商品，特别是那些在消费品市场中排名较低的商品，已经成为20世纪初世界经济转型的缩影。

尽管全部出口商品中只有15%属于劳动密集型产业，如鞋类和纺织品，但是廉价劳动力仍然是中国经济获得成功的主要因素。例如，中国汽车行业的工资和其他劳动成本约为每小时4.46美元，与劳动力成本较高的国家汽车生产者相比具有优势。在发达国家，每小时的劳动力成本从美国的35美元到日本的45美元不等；而在德国和法国，每小时的劳动力成本甚至高达60美元。即使是墨西哥这样的新兴国家也面临着

1 “现在，与其他新兴经济体相比，中国融入世界经济的全球影响力更大，或者比日本在20世纪50年代的高增长时期的全球影响力更大。”“From T-Shirts to T-Bonds,” *Economist*，July 28，2005，http：//www.economist.com/node/4221685.

2 David D. Hale，*China's New Dream*：*How Will Australia and the World Cope with the Re-emergence of China as a Great Power*（Barton：Australian Strategic Policy Institute，February 2014），3.

3 同上。

更高的劳动力成本（每小时6.48美元）。[1]当前中国拥有世界最大的汽车制造行业，2015年大约生产了2 500万辆汽车，相较于2000年仅为200万辆的产量出现了大幅增长。[2]现在，中国在汽车产量上远超其竞争对手。2015年，美国的汽车产量略高于1 200万辆，日本刚刚达到900万辆，德国则不足600万辆，而韩国约为500万辆。[3]

很多中国的先进制造品都涉及出口加工环节，因此从其他国家进口的半成品或成品元件也是中国进口的重要组成部分。[4]例如，苹果（Apple）公司将其平板电脑和手机的生产外包给富士康（Foxconn）公司，该公司总部位于中国台湾，但其在中国大陆拥有13家工厂，其中最大的工厂位于深圳。富士康进口设备与元件，将这些设备与元件组装成成品，并运送到北美和欧洲市场。

然而，首先推动中国产业转型的是能源和大宗商品的进口。目前，中国是世界最大的能源消费国之一，在过去10年中其能源消费大约占全球新增能源消费的一半。[5]在全球范围内，中国的石油进口增长位居世界第一（这与20世纪80年代出口石油的时期形成鲜明对比），而每

1 David D. Hale，*China's New Dream*：*How Will Australia and the World Cope with the Re-emergence of China as a Great Power*（Barton：Australian Strategic Policy Institute，February 2014），9.

2 OICA 2015 Production Statistics，http：//www.oica.net/category/productionstatistics/（accessed on May 16，2016）.

3 Matteo Ferrazzi and Andrea Goldstein，"The Automotive Industry，" in *The World's Industrial Transformation*（London：Chatham House，July 2013），15.

4 2013 年 11 月，中国拒绝签署信息技术产品协定和在 1996 年信息技术协议中新纳入 200 种新产品，这些产品目前涉及 4 万亿美元的年度贸易额，包括平板电视和新一代半导体。

5 Hale，*China's New Dream*，8.

日的石油消费量约为1 200万桶，这一数字远超非经济合作与发展组织（OECD）成员的国家，但少于每日石油消费量近2 000万桶的美国。[1]对大宗商品的强劲需求则来自中国重工业对天然气、电力、铁矿石、铜及其他自然资源的需求。2014年，中国生产了82 300万吨钢铁，而2000年钢铁产量仅为12 850万吨。日本以11 100万吨的钢铁产量排名第二，美国和韩国则分别以8 800万吨和7 200万吨的产量紧随其后。[2]

尽管制造业蓬勃发展，但是这一行业仅为中国劳动力市场提供了大约30%的就业，近35%的中国劳动力仍然在从事农业生产（服务业则构成剩余的36%）。[3]农业就业人口所占的比例非常大，这说明中国虽然正在努力推动其现代化进程，但实现经济的更新升级还任重而道远。这也是经济发展和现代化的过程：降低第一产业（主要由农业和渔业构成，但也包括采矿业）就业人口比例的同时，扩大第二产业和第三产业就业人口的相对比例。随着中国的进一步发展，农业就业人口比例将会下降，而制造业和服务业的就业人口比例将会上升（服务业就业人口的增长很可能快于制造业就业人口的增长）。美国的农业就业人口比例仅为1%。截然不同的是，服务业吸收了美国大部分就业人口（约80%），而制造业则吸收了美国近20%的就业人口。这种就业人口的产业分布在最发达的国家中是常见的，它们的技术创新和组织优化极大地减少了农业相较于其他行业（尤其是服务业）的就业人数。

---

1 U.S. Energy Information Administration，*Short Term Energy Outlook*（Washington，D.C.：U.S. Government Printing Office，November 2015），table 3A.

2 Hale，*China's New Dream*，8. 钢铁产量的迅速增长将中国从煤炭出口国变为煤炭进口国。

3 World Bank，*World Development Indicators 2011*（Washington，D.C.：World Bank，2011）.

远离农业所产生的最重要的结果之一就是一国的城市化。工业和服务业在城镇地区更加集中，因此人们从农村向城市迁移。就像工业革命时期的欧洲一样，中国也拥有多个全球最大和增长最快的大城市，深圳就是一个例子。根据官方统计，深圳是中国的第六大城市，拥有1 000万人口——如果统计范围包括非当地户籍的外来人口，这个数字将会翻倍。深圳的人口比欧洲或美国大城市的人口还要多（伦敦和纽约分别拥有约800万本地居民）。中国有很多这样的城市，它们如此之快的增长速度令全世界瞩目。在我最近一次乘车经过深圳的行程中，我一直在猜想，有多少欧洲或美国的居民曾经听说过这个城市或者与其相邻的城市——同样身为大城市的广州和东莞。

现在，中国有50%的人口居住在城市中，这个比例相较于20世纪80年代的20%增长了很多。数以亿计的人口迁移到城市，在制造业和服务业就业，同时伴随着中国城市化进程的继续推进，这些大城市变得更加庞大。即使相对比例有所不同，这样的城市化发展过程也只有19世纪英国工业革命时期的伦敦和曼彻斯特才能匹敌。

外商直接投资：中国经济转型背后的另一个驱动力

在推动经济自由化和从计划经济向市场经济转型之初，中国政府就认识到外商投资对于中国经济发展的重要性。外商投资不仅带来了资金，还带来了技术、知识和创新。这些因素比资金本身更重要，对中国经济增长也至关重要。正如邓小平在1992年“南方谈话”时所提到的，在当前阶段，允许中国的外商投资企业在符合现行法律和政策的条件下获得利润。但是，政府要对这些企业征税，工人们从这里获得工资，而我们从中学习技术和管理技能。此外，我们还能从中获得帮助我们打开更多市场的信息。[1]

事实上，在中国的转型过程中，资金是最为次要的考虑因素；中国的出口依赖型策略意味着贸易收支始终会保持盈余（换言之，中国的生产总会大于消费），而中国的居民储蓄率很高。中国所需要的（或者目前在某种程度上仍然需要的）是知识、技术和技能。因此，中国政府开始鼓励有意愿参与中国国内市场扩展的外国企业到中国投资。1979—1980年，《中华人民共和国中外合资经营企业法》开始实施，经济特区成立，中国开启了对外国资本的开放。

实际上，由于中国适当的货币体系保障了有足够多的美元来支持经济发展，美元开始流入中国。从20世纪80年代起，外商投资的增长几乎没有中断过，虽然这种增长也增加了国外对腐败和薄弱治理的关注。在这10年中，中国平均每年接收的外商直接投资为18亿美元。外商投资的总和很快超过了中国从世界银行获得的贷款，这使得外商直接投资成为更加重要的国外资金来源。[2]

在所有的发展中国家中，中国获得的外商直接投资最多（并且，在所有外商直接投资的获得者中，中国仅次于欧盟和美国）。[3]1990—2010年，中国累计流入超过2万亿美元外商直接投资。现在，中国每年

1 *Selected Works of Deng Xiaoping*，3：361，引自 Kissinger，*On China*，442–443.

2 例如，1985 年，中国向世界银行借款近 11 亿美元，并通过双边贷款借入 5 000 万美元。同年，中国收到价值近 20 亿美元的外商直接投资。签署的外商直接投资流入超过 60 亿美元。State Statistical Bureau，*Chinese Statistical Abstract 1993*，引自 Lardy，*China in the World Economy*，63.

3 Peter Nolan，*Is China Buying the World ?*（Cambridge，England：Polity Press，2012），85.

平均收到的外商投资为1 280亿美元。[1]

20世纪90年代早期，为了准备和支持中国申请加入世界贸易组织的行动，中国政府实施了一系列改革，政府开始在零售等行业解除对外商直接投资的限制。随后，主要的跨国公司，如耐克（Nike）、贝纳通（Benetton）、佐丹奴（Giordano）、巴斯金–罗宾斯（Baskin-Robbins）等，开始在北京、上海、深圳等地展开生产经营，同时受广阔的国内消费市场吸引，在中国的主要城市设立门店。在中国进行投资成为大部分跨国公司商业战略的重要组成部分。

外商直接投资的增加也推动了中国制造业更加融入区域和全球供应链中。总部位于欧洲和美国的跨国公司投资于新建工厂和开放式基础设施及工厂。例如，德国的梅赛德斯–奔驰（Mercedes-Benz）和英国的捷豹路虎（Jaguar Land Rover）都在中国设有工厂。现在，中国是美国和欧洲横跨不同领域的大部分跨国公司全球商业系统的重要组成部分，这些跨国公司包括苹果、可口可乐（在中国拥有41家灌装厂和近5万名员工）、大众汽车（Volkswagen）、博世（Bosch）和阿迪达斯（Adidas）等。外商控股的企业大约占中国工业增加值总和的28%。[2]

国外跨国公司为中国的产业转型做出了重要贡献。与尖端科技的互动与接触，以及遵循国际质量标准和管理规范的需求，促进了中国生产率的提高。这些优势推动商品和服务生产包含越来越多更先进的运作内容，如研究、设计和创新。换言之，国外资本不仅支持了中国的发

1 2014年数据。United Nations Conference on Trade and Development（UNCTAD），*Global Investment Trends Monitor*，No. 18（Geneva：UNCTAD，January 29，2015）.

2 Nolan，*Is China Buying the World?*，93. 它们约占高科技产业总增加值的三分之二。

展，还帮助中国企业更好地参与国际市场的竞争。

伴随着越来越多的外国企业在中国运营，中外合资企业也如雨后春笋般地出现。合资企业的出现和大量国外资本的流入，使得外国投资企业的出口呈现出强劲的增长。这一部分出口在中国出口总额中所占的比例从20世纪80年代的1%上升到近年来的50%左右。[1]合资企业多从事高科技和高附加值消费品的生产，如DVD（数字通用光盘）播放器、LED（发光二极管）电视屏幕、等离子电视屏幕、高端电子产品和微波炉。21世纪最初10年的中期，有外商投资的中国企业在这些行业中的比例达到90%。中外合伙企业和中外合资企业也在中国的汽车行业发展中发挥了重要作用。例如，2014年，捷豹路虎与中国的奇瑞汽车公司（Chery Automobile Company）合作，发起了一项11亿美元的项目，并在中国设立了一个生产中心。梅赛德斯与北京奔驰汽车有限公司合作，自2004年起在中国生产汽车。中外合资企业也帮助外国企业拓展到不断增长的国内市场。例如，这类合资企业大约占大众汽车和通用汽车（General Motors）总销售量的30%。[2]

但是，投资不再是单向流入，中国企业在境外的活动也更加活跃，并且开始在全球范围内收购股权。2005年，南京汽车集团收购了一家知名的英国汽车公司罗孚（MG Rover）。这次收购明确表明中国可以和

1 2012年数据。Valentina Romei and Rob Minto，"Chart of the Week：Who Makes China's Exports—Local Companies or Foreign？" *Beyondbrics*（blog），*Financial Times*，September 10，2012，http：//blogs.ft.com/beyond-brics/2012/09/10/chart-of-the-week-who-is-making-chinas-exports/.

2 Hale，"China's New Dream，" 8. 更准确的情况是，中国合资汽车企业的销售份额分别是大众汽车，28.8 %；通用汽车，28.9 %；尼桑，20.9%；现代，19.5%；起亚，17.7 %；本田，17.1 %；标致，14.8 %；马自达，13.8 %；福特，8.4 %；宝马，8.0%；丰田，7.6%。

竞争对手在国际市场上开展公平竞争。

中国的“走出去”战略

1978年邓小平复出后，中国很快开始进行小规模的海外投资。邓小平主持工作时已经年过七十，但仍然着手开展了一系列海外正式访问。1978年11月，他访问了新加坡，并表示看到了中国未来发展可能的愿景。[1]几个月后，他来到美国，成为1949年以后第一位访问美国的中国领导人。[2]这两次访问都给他留下了深刻的印象，并勾起了他早年的回忆——他曾经在法国留学数年。[3]根据中国的官方表述，这些访问为中国的“走出去”战略提供了灵感，并标志着这一战略的正式开启。“从那时开始，”中国的政府文献写道，“中国开始摆脱封闭并走向‘对外开放’和‘面向未来’的道路。”[4]

在中国，“开放”是一个流行词汇，它代表着追求改革、学习先进经验、实现国家现代化和在发展中与其他国家互动。用现任领导人习近平的话来讲，开放就是“有中国特色的社会主义”。[5]开放延伸至企业就

1 Kissinger，*On China*，358.

2 但是，这并不是邓小平第一次访问美国。他曾在1974年作为联合国大会特别会议的中国代表团成员来到美国。Kissinger，*On China*，322.

3 但是，根据亨利·基辛格（Henry Kissinger）的著作，邓小平从未学习过法语，也不懂英语。“Languages are hard.” Kissinger，*On China*，324.

4 “Sino-U.S. Relations：Facts and Figures—Historic Figures in Sino-U.S. Relations：Deng Xiaoping，”accessed November 9，2015，http：//www.china.org.cn/world/china_us_facts_2011/2011-07/11/content_22967238.htm.

5 Xi Jinping，“Study，Disseminate and Implement the Guiding Principles of the 18th CPC National Congress，” in *The Governance of China*（Beijing：Foreign Languages Press，2014），6–22.

是鼓励企业到海外投资（即使在改革的早期，企业在海外运营仍然需要获得国务院的批准）。国务院指定了120家国有企业作为“国家试点企业”，以引领中国企业的国际化，同时为实现这一目标向它们提供高层次的政策支持和财政补贴。[1]

1997年，江泽民在中国共产党第十五次全国代表大会上的讲话中揭幕了中国新一轮的改革开放，他鼓励中国企业在国际市场和境外地区积极参与。他表示，实施“走出去”战略是对外开放新阶段的重大举措。鼓励和支持有比较优势的各种所有制企业对外投资，带动商品和劳务出口，形成一批有实力的跨国企业 和著名品牌。[2]

中国的“走出去”战略（也被称为“全球化”战略）是一项综合性的政策措施，它旨在鼓励国内企业与国外企业建立合作关系，鼓励其收购海外公司的股权（通常是少数股权）或者参与合同竞标（大部分是大型基础设施项目）。[3]这项举措将商业和政治目标相结合，并且与经济学文献中经常提到的引导企业进行海外投资的四个动机一致：获得有价值的商品或能源；提高生产效率，降低生产成本；拓展新市场；获得新资产。[4]

1 David Shambaugh，*China Goes Global*（Oxford，England：Oxford University Press，2013），177.

2 Jiang Zemin，“Text of Political Report by Jiang Zemin at the 15th National Congress of the Communist Party of China，” September 12，1997.

3 Shambaugh，*China Goes Global*，5.

4 Alessia Amighini，Roberta Rabellotti，and M. Sanfilippo，“Do Chinese State-Owned and Private Enterprises Differ in Their Internationalization Strategies？” *China Economic Review* 27（2013）：312–335；Alessia Amighini，Roberta Rabellotti，and M. Sanfilippo，“China's Outward FDI：An Industry-Level Analysis of Host-Country Determinants，” *Frontiers of Economics in China* 8（2013）：309–336.

首先，中国政府希望为中国公司获得石油、能源和大宗商品提供便利，并满足本国不断增长的对主要资源的需求。大部分此类的投资都投向于发展中国家。2011—2014年，中国的石油企业总计花费了730亿美元用于在中东地区、加拿大和拉丁美洲购买石油和天然气资产并投资于勘探项目[1]，此外还花费了900亿美元来保证与数个国家建立的“贷款换石油”双边协议（这些国家包括俄罗斯、巴西、委内瑞拉、哈萨克斯坦、厄瓜多尔和土库曼斯坦）。自2001年以来，中国海洋石油总公司格外繁忙，在多个国家开展并购，这些国家包括安哥拉、巴西、赤道几内亚、印度尼西亚、肯尼亚、缅甸、尼日利亚、乌干达等。2011年，在加拿大油砂生产商OPTI申请破产保护后，中国海洋石油总公司以21亿美元的价格对其进行了收购。[2]

“走出去”战略也是引进市场导向经验，帮助处于亏损状态的大型国有企业转变为有效率的现代企业的重要途径。正如江泽民在中国共产党第十五次全国代表大会的讲话中所指出的，应当通过市场和政策引导，发展具有国际竞争力的大公司和大企业集团。[3]对于中国政府而言，对外开放和推动国有企业走向国际市场是国有企业全面改革的组成部分（我将在下一章中对此进行更多的讨论），走向国际市场将使国有企业

1 Julie Jiang and Chen Ding，*Update on Overseas Investments by China's National Oil Companies：Achievements and Challenges Since 2011*，Partner Country Series（Paris：International Energy Agency，2014），http：//www.iea.org/publications/freepublications/publication/partner-country-series—-update-on-overseasinvestments-by-chinas-national-oil-companies.html.

2 早在2005年，中国海洋石油总公司就尝试以185亿美元的现金收购美国优尼科（Unocal），但失败了。

3 Jiang，“Text of Political Report.” http：//www.bjreview.com.cn/document/txt/2011-03/25/content_363499.htm.

更具竞争力。

2004年，“走出去”战略明显开始向第三种动机转变，即获得海外市场，尤其是在工程建筑行业。“走出去”战略引导企业向新市场扩张，并为众多中国企业树立起国际形象。在一些情形下（就像石油公司一样），海外投资由获取资源和拓展新市场共同驱动。而近年来，企业开始更多地关注第四种动机，利用其拥有的财务资源实现兼并或收购海外企业的重要股权，以优化自身的非财务资源（如技术、品牌和市场份额）。例如，2010年，浙江吉利控股集团——一家总部位于杭州的汽车制造公司，以15亿美元的价格收购了瑞典沃尔沃汽车（Volvo Cars）。通过此次收购，吉利集团掌握了沃尔沃汽车成熟的国家品牌、技术和全球分销网络，同时也承担了其严重的财务问题。在并购之前的3年中，沃尔沃汽车平均每年税前亏损18亿美元，净销售额下降了近20%。[1]

中国还有第五种动机，这种动机在某种程度上是较为特殊的海外投资动机，即通过金融外交在全球范围内结交朋友和获取商业优势。相较于纯粹的公司战略重点，中国国有企业对于国家战略重点更为敏感。[2]2014年，中国与津巴布韦签署了一项20亿美元的协议，涉及煤矿、电站和大坝的建设，该协议以津巴布韦未来的采矿税收收益作为担保。类似地，中国向俄罗斯投入的中国政府支持贷款估计总数约为300亿美元，其中大部分以俄罗斯向中国的石油运输为担保。

这样的偏好不符合直觉，同时也与现有理论相矛盾。理论认为，

1 “Ford Motor Company/2008 Annual Report,” 18, Ford Motor Company, http://ophelia.sdsu.edu:8080/ford/12-30-2012/doc/2008_annual_report.pdf; “Ford Motor Company/2009 Annual Report,” 24, Ford Motor Company, http://ophelia.sdsu.edu:8080/ford/12-30-2012/doc/2009_annual_report.pdf.

2 此外，实证研究认为，当人民币升值时，在政府允许企业较为便捷地获得资金和外汇的情况下，国有企业比私营企业更有可能进行海外投资。

在海外直接投资中，更高的政治风险对应更低的投资吸引力。在经济和政治落后国家进行投资是一种高风险的战略，这种战略让中国及其他投资者面临着承担大规模损失的风险，尤其在较低的石油和大宗商品价格增加了部分石油生产国的违约风险时，当前中国正处于这样的时刻。例如，委内瑞拉95%的出口为石油，从2014年起经历了巨大的困难，自2015年年初以来，其GDP下降了近6%，通货膨胀率高于100%。因此，在2015年1月习近平主席访问委内瑞拉时，中国政府同意在放宽自2007年以来对委内瑞拉500亿美元贷款的偿还条件的基础上，继续投资200亿美元以帮助其渡过难关。[1]

受以上五种密切相关的动机驱动，中国在2001年加入世界贸易组织后，开始扩展海外活动。世界贸易组织的成员国身份为中国的“走出去”战略提供了环境、规章制度以及合法性。“走出去”战略与放松外汇管制、向拥有海外扩展计划的企业提供更多援助，使中国的对外直接投资迅速增长，从2001年的470亿美元增长到2008年的1 100亿美元，[2]然而，这一数字仍然远低于对内的外商直接投资（2008年约为4 000亿美元）。[3] 2008—2009年的全球金融危机抑制了海外直接投资，但在2010年出现了反弹，显然，海外直接投资投向了发达国家，这些地区的金融危机创造了吸引人的投资机会，同时削弱了防止外国人（特别是

1 Jonathan Kaiman, “China Agrees to Invest $20bn in Venezuela to Help Offset Effects of Oil Price Slump,” *Guardian*, January 8, 2015, http://www.theguardian.com/world/2015/jan/08/china-venezuela-20bn-loans-financing-nicolasmaduro-beijing.

2 “以当前的物价和汇率计算。“Foreign Direct Investment: Inward and Outward Flows and Stock, Annual, 1980—2014,” United Nations Conference on Trade and Development Statistics (UNCTADstat), http://unctadstat.unctad.org/wds/ReportFolders/reportFolders.aspx?sCS_ChosenLang=en.”

3 同上。

中国人）“买走大部分国土”的政治壁垒。[1]强劲的对外投资仍然在继续：与2011—2015年的“十二五”规划相同，“十三五”规划鼓励中国企业“走出去”——这也是吸引外商投资和到海外投资“双向开放”战略的一部分。[2]

中国的海外直接投资投向了哪里呢？大部分投资继续投向了避税天堂（特别是开曼群岛和英属维尔京群岛），或是通过中国香港投向其他地方，除此之外，亚洲地区是最重要的投资地。2014年，中国在亚洲地区的海外直接投资总额为1 160亿美元，占全部海外直接投资总额的四分之一。[3]在亚洲地区，除中国香港外，新加坡是最大的接收方，其次是越南和巴基斯坦。近年来，对缅甸、印度尼西亚、柬埔寨和泰国的投资也有所增加。在亚洲以外的地区，德国、美国和英国是最大的接收方，分别占中国2003年以来投资总额的12%、9%和5%。

在大部分的中国投资所关注的行业中，服务业尤为突出，包括贸易和金融，几乎占全部投资的60%。对制造业的投资比重也相当大，大约占全部投资的40%。对服务业的投资主要集中在高收入国家，与投资的动机一致，投资动机强调掌握市场份额和非金融资产的重要性，如创新技术和国际品牌。此外，中国大部分自然资源领域（金属、煤炭、石油和天然气）的投资投向了低收入国家。

1　“Chinese Investment Into Europe Hits Record High in 2014,” Baker & McKenzie, last modified February 11, 2015, http://www.bakermckenzie.com/news/Chinese-investment-into-Europe-hits-record-high-in-2014-02-11-2015/.

2　News Analysis: The global impact of China's 13th Five-Year Plan, Xinhua News, March 10, 2016, http://news.xinhuanet.com/english/2016-03/10/c_135175652.htm.

3　United National Conference on Trade and Development, *World Investment Report 2015: Reforming International Investment Governance* (Geneva: United Nations, 2015), 39, http://unctad.org/en/PublicationsLibrary/wir2015_en.pdf.

这些年，中国企业在海外收购了很多企业的股权，从银行到运输公司均有涉及。2015年，中国企业的海外并购活动总计达670亿美元，共计382次交易——分别较上一年增长了21%和40%。[1]然而，彼得·诺兰（Peter Nolan）认为，这些企业并没有参与到重大的收购交易中（沃尔沃汽车的收购交易金额为18亿美元，非常少）。同时，即使这些企业尝试到发达国家开展并购，结果也往往是失败的。[2]

确认这一规则的特例是2004年中国联想集团对IBM（国际商业机器公司）垂死的个人电脑业务的并购，联想集团总部位于北京。联想集团为这次收购支付了12.5亿美元，包括购买生产Thinkpad（思考本）笔记本的业务，并吸收了IBM 公司5亿美元的债务。这笔交易非常具有象征意义：一个无名的中国公司收购了著名的美国品牌。同时，此次收购也将联想集团推向了国际舞台，使其成为世界产量第三大的电脑制造商。《金融时报》称这次交易为“经济新纪元的标志”。[3]然而，在竞争日益激烈的市场中，如果收购的目标公司非常成功，那么收购将引起政治争议，但IBM公司个人电脑业务盈利能力较弱，因而让人们对此次交易产生疑问。[4]类似的交易还有吉利集团对处于亏损的沃尔

1 David Brown and Christopher Chan, “PwC M&A 2015 Review and 2016 Outlook,” Pricewaterhouse Coopers Hong Kong, January 26, 2016, http://www.pwchk.com/webmedia/doc/635893311472912475_ma_press_briefing_jan2016.pdf.

2 2005年，中国海洋石油总公司在收购美国石油公司优尼科时中止竞标，就是中国企业在收购中所面临的困难的例证。Nolan，*Is China Buying the World*？ 98–99.

3 Richard McGregor, “The World Should Be Braced for China’s Expansion,” *Financial Times*, December 22, 2004, http://www.ft.com/cms/s/0/5b387e88-53be-11d9-b6e4-00000e2511c8.html.

4 这时，联想集团是一家大型联合企业，包括原公司（总部位于北京的中国联想）以及总部位于北卡罗来纳州莫里斯维尔的美国联想。中国联想是营业主体，经营制造、研发、软件开发和商业服务。

沃汽车的收购：如果沃尔沃汽车是一家盈利的公司，收购著名的欧洲企业就会引起更大的政治争议。在任何一种情形下，诺兰都确信，与世界领先企业通常进行的并购相比，中国大型企业所展开的收购规模较小。例如，就在沃尔沃汽车18亿美元并购交易发生时，南非米勒酿酒公司（SABMiller）——一家总部位于伦敦的啤酒和饮料跨国公司，宣布用104亿美元收购澳大利亚的福斯特酿酒公司（Foster）。[1]而就在更近的2015年，南非米勒酿酒公司又以1 060亿美元被百威英博啤酒集团（Anheuser-Busch InBev NV）收购。[2]2016年2月，中国化工集团公司提出以430亿美元收购瑞士农业巨头先正达（Syngenta）的要约；如果这项交易继续推进，将会成为中国企业最大规模的一次海外收购，也将标志着中国"走出去"战略大规模海外收购的开始。[3]

近期，中国的海外投资也在转向银行和金融领域。然而，这些并购同样也是小规模的。例如，2014年12月，中国证券公司海通证券以37 900万欧元收购了濒临倒闭的葡萄牙圣灵银行（Banco Espirito Santo）的投资银行业务。几个月后，2015年2月，中国工商银行最终以69 000万美元取得了南非渣打银行（South Africa's Standard Bank）在英国业务

1 Nolan，*Is China Buying the World*？ 98–99.

2 Thomas Buckley and Thomas Mulier，"AB InBev，SABMiller Reach Agreement on Acquisition，" Bloomberg Business，October 13，2015，http：//www.bloomberg.com/news/articles/2015-10-13/ab-inbev-agrees-to-buy-sabmiller-for-104-billion-in-record-deal.

3 2017年6月27日，中国化工集团以490亿美元完成了对先正达的收购。——编者注

的控股股权。中国的银行第一次在伦敦拥有重要的交易场所。[1]

很多国家都通过商业和金融与中国建立了过于密切的关系，不管是发达国家还是发展中国家，它们都对此表示担忧。它们担心中国企业通常表现出的剥削式的态度，还担心其失去关键技术和能力。此外，就像中国海洋石油总公司对优尼科竞标失败的案例所显示的，发达国家仍然对中国国有企业获得其重要的国内战略性企业的重要股权表现出强烈的政治排斥。[2]它们认为中国的战略利益通常与发达国家自身和邻国的利益不一致。

提供开发性贷款

近年来，在提供开发性贷款的过程中，中国已经成为全球最大的开发性融资提供者，这引起了更多的焦虑，尤其是贷款接收国。在某些情形下，这种支持来自特别有利的条件和“不附加任何条件”。

确切的数据无法得知，但消息人士估计2009年和2010年，中国的国家开发银行和进出口银行签署了约1 100亿美元的贷款协议，向位于俄罗斯、委内瑞拉和巴西等国的企业贷款。据估计，中国自2005年以来，还向拉丁美洲国家及企业提供了超过1 190亿美元的贷款。2010年，中国向拉丁美洲提供的贷款数额超过了泛美开发银行（Inter-American Development Bank）和美国进出口银行（U.S. Export-Import Bank）所提

1 Patrick Jenkins, “Indebted Chinese Banks Sidestep ‘Too Big to Fail’ Capital Buffers,” *Financial Times*, February 17, 2015, http://www.ft.com/cms/s/0/0d1649e4-b5ea-11e4-a577-00144feab7de.html.

2 “战略性”的概念往往被引申到不明显涉及国家利益的企业。

供的贷款之和。[1]此外，2009—2012年，中国还向非洲提供了100亿美元贷款。2013年3月，习近平主席在第一次访问非洲期间承诺，2015年将贷款增加至200亿美元。2013年11月，中国进出口银行首席政治风险分析师表示，2025年中国将向非洲提供1万亿美元的融资，包括直接投资、软贷款和商业贷款。[2]

金融外交帮助中国与众多的发展中国家建立联系，同时作为美国主导的经济外交和“华盛顿共识”替代性选择，金融外交巩固了中国发挥的作用。尽管很多国家都欢迎中国前往投资以刺激本国的经济发展，但是一些国家仍然对中国过于密切的联系表示担忧。

随着2014年亚洲基础设施投资银行（AIIB）和新开发银行（New Development Bank）（由新兴经济体建立的新兴多层次发展银行，两家银行的总部均设立在中国，而中国是新开发银行的创始成员国）的成立，没有迹象表明中国会放慢实施“走出去”战略。同时，2013年，“一带一路”倡议正式提出，并在2015年受到中国政府的进一步推进。中国政府将“一带一路”作为连接中国与欧洲的现代丝绸之路，进一步激励了这一倡议的推动。越来越明确的是，中国将利用丰富的金融资源来加强和扩张在亚洲和欧洲的地位，亚洲和欧洲都为其提供了重要市场和潜在的合作伙伴。值得注意的是，美国确定了两项大规模贸易协定：

1 Kevin P. Gallagher and Margaret Myers，“China-Latin America Finance Database，” Inter-American Dialogue，accessed November 13，2015，https：//www.thedialogue.org/map_list.

2 Toh Han Shih，“China to Provide Africa with US$1 Trillion Financing，” *South China Morning Post*，November 18，2013，http：//www.scmp.com/business/banking-finance/article/1358902/china-provide-africa-us1tr-financing，引自 Yun Sun，“China's Aid to Africa：Monster or Messiah？” Brookings，February 2014，http：//www.brookings.edu/research/opinions/2014/02/07-china-aidto-africa-sun.

跨太平洋伙伴关系协定（Trans-Pacific Partnership，简称TTP），该协定与多个亚洲国家签订但不包括中国；[1]跨大西洋贸易与投资伙伴关系协定（Transatlantic Trade and Investment Partnership，简称TTIP），该协定是与欧盟签订的。但是，目前中国国内金融体系尚不成熟、货币疲软且还有相当数量的人口位于国际贫困线之下，在这种情况下在海外耗尽其金融资源是否有意义呢？在下一章中，我将讨论在金融抑制和无效的资本配置体系下，中国如何进行转型和积累重要的金融资源。

1　2017 年 1 月 23 日，美国总统唐纳德·特朗普在白宫签署行政命令，标志着美国正式退出跨太平洋伙伴关系协定。——编者注

3

金融抑制的经济

全球一体化背景下的经济转型使中国的人均收入大幅提高。中国目前已经成为中等收入国家，人均收入约为8 500美元。同时，与经历过极端贫困的人们一样，中国人喜欢储蓄。然而，在过去数年里，中国货币当局将这些储蓄用于国家的产业转型，将借款成本控制在较低的水平。当储蓄者感受到压榨时，他们开始寻求更高的收益，这些收益高于普通银行存款提供的收益：首先是房地产市场，随后是所谓的影子银行投资工具——以资产管理产品形式出现的未受监管的借贷活动。

更高的收益带来了更大的风险和波动性。但是，很多中国投资者并没有充分了解收益与风险的权衡关系，山西汇铂金投资公司（这家小型资产管理公司已经在2014年年底倒闭）的案例就揭示了这样的现象。早在2014年12月月初，社会上便流传着这家公司陷入财务危机、公司负责人已经逃走的消息，愤怒的投资者聚集在该公司位于中国北方的太原营业部，向政府施压，逼迫政府介入调查，帮助他们讨回资金。个人和家庭将他们的储蓄配置到资产管理产品中，这些产品提供14%~18%的年化收益率，现在他们却面临着总计约为1亿元人民币的损失。

然而，压力还在进一步升级。2013年12月，中国人民银行和商务部等八部委就“业务混乱问题”向投资者发出警告，同时指出“大量非融资性担保公司不经营担保业务，甚至从事非法吸收存款、非法集资、非法理财、高利放贷等违法违规活动……”[1]中国政府允许山西汇铂金投资公司破产，并明确表明，政府不会提供资金挽救金融机构。

除此之外，2015—2016年，中国的股票市场经历了剧烈的向下调整，中国的金融和银行体系把人民币发展为主要的国际货币作为远大的理想，但其自身与理想之间却存在内在矛盾，这一矛盾引起了国际社会的关注。中国银行体系中受监管的银行储蓄产品收益有限，而储蓄者追求比银行存款更高的收益，这导致了影子银行的产生，山西汇铂金投资公司就是其中一家。储蓄者的劣质选择与稳健而不断增长的金融资源形成鲜明对比，这些金融资源被用于支持国家的制造业和经济增长，如前面章节所描述的，它们被用于贸易和投资。同时，这两种趋势都呈现出中国发展模式的显著特征：金融抑制。[2]

在中国金融抑制的体系下，政府引导并控制着储蓄者资金的投向，储蓄者除了本国银行没有更多的选择（例如，他们不能便捷地将资金转移到国外）。通常，政策限制了储蓄者的资金能够获得收益——特别是银行存款，以确保银行能够向国有企业和私人部门提供廉价的贷款。因此，这些政策导致了资源从储蓄者向借款者转移。当“政府实施政策来引导资金，而这些资金在自由市场中将投向其他渠道”时，金融抑制就

1　引自Gabriel Wildau，“China Shadow Bank Collapse Exposes Grey-Market Lending Risk，” *Financial Times*，December 4，2014，http：//www.ft.com/cms/s/0/82ac1f0e-7ac0-11e4-8646-00144feabdc0.html.

2　World Bank and Development Research Center of the State Council，People's Republic of China，“China：Structural Reforms for a Modern，Harmonious，Creative Society，” in *China 2030：Building a Modern，Harmonious，and Creative Society*（Washington，D.C.：World Bank，2013），115.

发生了。[1]

“金融抑制”这一术语诞生于20世纪70年代，用于描述发展中国家限制增长的政策，近年来，也被扩展应用到发达国家。对于中国来说，多年来金融抑制非但没有抑制经济增长，反而为经济活动提供了充足的金融资源。这些政策包括设置利率上限、限制资本的跨境流动以及高额准备金要求等。[2]从这种意义上来讲，金融抑制已经成为中国增长模式的内在组成部分，它使得这个国家从计划经济向市场经济转变，使其完成经济转型，并仅用一代人的时间就成为全球经济的重要组成部分。

然而，金融抑制导致了大规模的资源错配，在很多亏损项目获得资金的同时，私人部门更加成功的项目却无法获得资金。金融抑制也降低了人们的生活水平，众多的储蓄者只能获得较低的收益，他们被迫进行更多的储蓄。金融抑制限制了有效、透明的银行体系和具有流动性的多元化资本市场的发展，它使储蓄者的选择非常有限并因此助推了影子银行的发展。金融抑制还导致了一种悖论，即中国是一个拥有大量债务的储蓄大国。最终，金融抑制限制了人民币发展为国际货币。为了理解其背后的原因，在本章中，我详细考察了金融抑制，讨论金融抑制如何在中国快速增长的过程中发挥作用——尤其是金融抑制创造并维持着国有企业和银行间的联系，以及金融抑制如何让影子银行迅速发展起来。

---

1 Carmen M. Reinhart, Jacob F. Kierkegaard, and M. Belen Sbrancia, “Financial Repression Redux,” *Finance and Development* 48, no. 1 (June 2011), http://www.imf.org/external/pubs/ft/fandd/2011/06/Reinhart.htm.

2 同上。一些宏观审慎的监管措施可能导致金融抑制，这篇文章关注了这一现象。

低利率与贷款限额

为了向在经济发展中具有重要战略意义的项目提供资金，或是为其提供政策支持和“达成”一致意见，中国需要大量的廉价资金，这种需求构成了金融抑制的动机。金融抑制在中国主要的作用机制是利率，这种机制并非通过市场实现对储蓄资源的投资配置，而是通过货币当局来制定规则，以保证国有企业能够获得充足的廉价资金。

多年来，货币当局既控制着最高存款利率（银行提供给存款者的利率），也控制着最低贷款利率（银行提供给借款者的利率），他们将存款利率设定在足够低的水平以使银行从存款者中获利——尤其是因为利率滞后于通货膨胀率。自2004年起，中国人民银行开始根据通货膨胀率对名义存款利率进行调整，情况有所变化。[1]统一设定利率保证了银行之间不会因为存款而相互竞争，同时银行可以提供非常有利的贷款条件（此外，银行并不要求严格的贷款担保）。这样便产生了存款者补贴贷款者的体系，在这个体系中，存款者可以有效地将大量资源转移到贷款者手中。借款成本的大幅下降反映了这一特征，特别是2008年之后，受全球金融危机影响，利率下降。例如，2004—2011年，平均实际借款成本被降低至3.2%；而1997—2003年，平均实际借款成本为6.2%

1 迈克尔·佩蒂斯（Michael Pettis）曾经计算过，当贷款利率低于经调整GDP增速的4%~7%的家庭存款（包括农场存款）占GDP的80%~100%（122万亿元）时，每年从家庭向国有企业、基础设施投资机构和其他机构转移的资金占GDP的3%~8%。Michael Pettis，*The Great Rebalancing*：*Trade*，*Conflict*，*and the Perilous Road Ahead for the World Economy*（Princeton，N.J.：Princeton University Press，2014），85.

（2014年的平均实际借款成本为2.9%[1]）。

追求低利率是金融抑制体系的组成部分，它对中国发展市场导向的经济产生了重要的影响。首先，多年来，中国一直保持着较低的利率水平，这一利率水平相对于中国的经济增长速度和强劲的贷款增长而言过低。2004年，贷款占中国GDP的比例已达到140%左右；2014年，该比例达到170%。[2]家庭银行存款以更缓慢的同比速度扩张，它们占GDP的比例分别为2004年的75%和2015年的77%，但家庭银行存款依然远远高于其他国家，无论是发达国家还是新兴国家均是如此。[3]这个体系还导致了一个难题，即在储蓄率如此低的情况下仍然产生了过度储蓄。由于储蓄者的选择有限，银行可以依赖于"被俘虏"的储蓄者群体，同时银行可以降低储蓄者可以获得的利息收入而不必承担储蓄者流失的风险。与此同时，由于存款收益较低，个人和家庭倾向于增加储蓄以实现他们的财务目标，如支付孩子的教育或为自己提供舒适的退休生活。因此，储蓄资金继续扩张，并继续制约着家庭消费的增长。[4]

低利率也提供了充足的廉价贷款供给，导致资源配置的严重扭曲。银行发现其自身负担了过多的低质违约贷款，如果经济持续下行，它们在面临主权危机和流动性危机时非常脆弱。银行为了维持资本基础，通过实施低存款利率将负担转移给储蓄者，从而维持这一系统。

在这个过程中，任何一方都不是赢家，即使是以极为有利的条件

1 Nicholas R. Lardy, *Markets Over Mao* （Washington, D.C.: Peterson Institute for International Economics, 2014）, 131.

2 "World Development Indicators: Domestic Credit Provided by Financial Sector（% of GDP）," World Bank, accessed May 18, 2016, http: //databank.worldbank.org/data/.

3 同上。

4 Pettis, *The Great Rebalancing*, 86.

获得贷款的企业也是如此。由于利率过低或财务损失由补贴弥补，这些企业倾向于过度负债，几乎不考虑负债增长的效率和产出。很多企业最终背负着极高的杠杆率和不可持续的金融头寸。

中国低利率和金融抑制的体系最终形成的结果是，建立起并维系着国有企业和大型银行之间的联系。这些机构之间的关系是中国国家所有制的核心，也是混合经济的关键特征，而国有企业自身是中国计划经济体制的组成部分。

国有企业与政府的经济角色

中国从20世纪50年代开始实施计划经济，随后的几十年中，国有企业成为中国经济系统的重要组成部分。1978年，国有企业占中国工业生产总值的80%，提供了70%的就业，掌握了绝大部分工业固定资产，并主导着大部分的第三产业。[1]这些企业不仅缺乏效率，面临亏损，成为公共资源的持续负担，还维持着价格双轨制度，而这一制度产生了大量的腐败（例如，在计划的价格体系之外，商品价格可以达到高于计划定价的50%~100%）。[2]国有企业没有财务自主性，并且需要将大部分利润上交国库。作为回报，这些企业会获得国家预算拨款，从而为其固定投资和大部分的营运提供资金。

20世纪70年代末，希望推动中国经济转型的改革者面临着挑战，他们既要提高国有企业效率，扩大非国有部门（城镇集体经济、私营企业和外商投资企业），还要在不明显减少国有股份的同时提高市场发

1 Lardy，*Markets Over Mao*，11.

2 Nicholas R. Lardy，*China's Unfinished Economic Revolution*（Washington，D.C.：Brookings Institution Press，1998），23.

挥的作用；而政治的、社会的和制度的约束——特别是产权制度的缺失——阻止了完全的私有化。由于必须保持制度上的国家所有制的特征，他们的策略是大量减少国有企业的数量，裁减亏损的企业，并为运营良好的企业提供激励。因此，当他们努力建立一系列巨型的具有全球竞争力的企业来追赶发达国家时，他们也确保了中国的关键产业和企业稳固的国家所有制属性。[1]

直到20世纪90年代早期，中国的政策制定者才意识到非国有的所有权形式。1993年，中国共产党第十四届三中全会正式提出了建立现代企业制度，为小型国有企业的私有化和大中型企业转型为有限责任公司铺平了道路。在随后的数年中，约8万家企业退出国有企业的行列。这一转变标志着中国机构设置重大转型的开始，在新的机构设置下，私营企业不仅是合法的，还被允许以同等的条件在市场中与国有企业展开竞争。

“九五”计划（1996—2000）继续推进了私营企业的扩张。由于私营企业在扩展经济活动、支持经济增长和创造就业中发挥了越来越重要的作用，1997年中国政府允许银行贷款给私营企业。[2]（最终，中国于2004年在宪法中正式承认并合法化私人所有制，并将其作为中国特色社会主义市场经济的重要组成部分，与公共所有制具有同等地位。[3]）第二年，朱镕基开展了一项大胆的尝试，振兴核心国有企业，发起了大规

1 Peter Nolan, *Is China Buying the World?* (Cambridge, England: Polity Press, 2012), 56–58.

2 World Bank and Development Research Center of the State Council, *China 2030*, 104–109.

3 Michael Firth, Chen Lin, Ping Liu, and Sonia M. L. Wong, “Inside the Black Box: Bank Credit Allocation in China’s Private Sector,” *Journal of Banking and Finance* 33 (2009): 1145.

模的国有企业重组，以使国有企业更具有效率和盈利能力。

在此之前，这些国有企业仍然具有行政级别，并处于国务院的直接领导之下。朱镕基将一部分企业从行政系统中脱离出去，这些企业包括中国银行、中国粮油食品集团、中国铁路工程总公司等。这是正式让这些企业脱离行政管制、拥有更多自主权的第一步。其中很多企业都做好了公开上市的准备，通过资产大清理将可行的商业资产转移至上市公司，同时剥离亏损的项目，将其保留在国家持100%股权的国有企业中。这个未上市的机构作为控股公司，掌握着新上市公司75%以上的股份，以确保国家仍然是企业的绝对拥有者（即使是现在，当国有企业在证券市场上市时，国家依然控制着该企业，因为企业仅有很小一部分股份被公开出售）。1999年，超过1万家传统的国有工业企业（占总数的五分之一）成为国有控股公司，在这些公司中，国家仍然是最大或最主要的股东。这些新公司大约占整个工业产值的40%。

政府处理私有化的方式是推行全面改革过程中“中国模式”的范例。他们直面外部压力，从国外引进先进的实践经验、规章制度以及市场规则，同时还要确保国家的控制。用这种方式，中国的领导人能够以间接、代理的方式，从内部推动艰难的政治改革。因此，“私有化”在没有损失国家对经济的控制权的情况下得以实现。[1]“国家试点企业”拥有获得政府支持项目的特权，因此国家掌握绝大部分股份使得国际企业难以在中国实现兼并与收购，这些领军企业包括中国移动、中国石化以

1 Edward Steinfeld, *Playing Our Game: Why China's Rise Doesn't Threaten the West* (Oxford, England: Oxford University Press, 2010), 32-33.

及宝钢集团等。[1]

即使是现在，国有企业（以及其私有化部分的股份）的管理仍然稳固地掌握在中国共产党手中。中共中央组织部直接任命大部分重要国有企业的三名高管（党委书记、首席执行官和董事会主席），[2]约80%的国有企业管理层由中国共产党任命。[3]此外，还存在连接政府领导职位和大型国有公司职位的"旋转门"。例如，楼继伟在担任财政部部长之前是中国投资有限责任公司的董事长兼首席执行官，该公司是中国的主权财富基金，拥有价值约为6 000亿美元的资产。类似地，肖钢曾担任中国银行股份有限公司董事长近10年，随后于2013年被任命担任中国证券监督管理委员会主席（2016年1月卸任）。

通过明确对国有企业和大型国有银行的管理，中国共产党的领导

---

1 国家试点企业的名单很长，包括电信行业中的中国移动、中国联通和中国电信；石油和化工行业中的中国石化、中国石油天然气集团公司、中国海洋石油总公司和中国化工进出口公司；航空和航天行业中的中国航空工业集团；军事及相关行业中的中国北车和中国南车。更加详尽的名单参见 Nolan，*Is China Buying the World？*，59–60.

2 国有资产监督管理的企业包括国有石油公司——中国石油天然气集团公司、中国石化和中国海洋石油总公司；大型国有电力公司——中国国电集团和中国华电集团；中国大型国有煤炭生产商——神华集团；主要的国有电力配送公司——国家电网和中国南方电网；主要的国有航空公司——中国航空、中国南方航空和中国东方航空。Lardy，*Markets Over Mao*，51.

3 Steven P. Feldman，*Trouble in the Middle：American-Chinese Business Relations，Culture，Conflict and Ethics*（New York：Routledge，2013），122. Of the 183 officials on the State Council above the vice-ministerial level（from nineteen ministries and commissions），56，or 30.6 percent，have experience working in state-owned enterprises. Sheng Hong and Zhao Nong，*China's State-Owned Enterprises：Nature，Performance and Reform*，vol. 1 of Series on Chinese Economic Research（London：World Scientific Publishing，2013），xxiii.

建立起两个群体之间的密切联系，这两个群体为不同的政策目标服务。与此同时，这种联系也是中国金融抑制的原因和后果。

中国银行业

在中国的发展模式中，银行提供了支持和配置投资的机制。就像中国的国有企业，虽然它们是计划经济的直接产物，但在过去的30年中，它们正在转型。

20世纪70年代末期，中国的银行是一个单一的、垄断的金融机构，同时充当中央银行和商业银行，拥有15 000多家分行、支行和办事处。[1]1983年，国务院将中央银行和商业银行的职能分离，情况开始发生改变。国务院成立了中国人民银行和中国工商银行，前者作为中央银行，后者承担吸收存款、发放贷款的职能。20世纪80年代中期，吸收存款、发放贷款的职能被扩展到由四家国有银行承担，它们控制了全部存款的五分之四，占据所有银行总资产的99%，并掌握着超过90%的贷款。[2]

改革开放的初期，四家“专业”银行负责分配整个经济体系内的信贷资源，它们分别是中国工商银行、中国农业银行、中国建设银行和中国银行。中国工商银行主要负责向国有企业贷款，充当财政部的附属机构；中国农业银行专门为农业和农村工商企业提供贷款支持；中国建设银行是新投资项目资金的主要来源；中国银行在1979年3月之前仍是

1 这些银行占了所有银行和信用合作社存款的五分之四左右，同时是所有金融机构93%的贷款来源。Lardy，*China's Unfinished Economic Revolution*，61.

2 Lardy，*China's Unfinished Economic Revolution*，61.

中国人民银行的附属机构，负责所有类型的外汇交易[1]，同时，在中国香港、新加坡和英国伦敦设有分支机构。中国银行伦敦分行成立于1929年，它在管理中国硬通货的资产组合和安排短期商业贷款中发挥着重要作用。同时，中国银行伦敦分行还保持着与西方银行的往来关系，为非社会主义国家的贸易活动提供金融结算服务。[2]1974年，中国的贸易总额仅为当时美国贸易总额的6%[3]，但是，即使中国当时的贸易与其他国家的商业往来受到限制，仍然需要设立国际化的银行机构来进行贸易结算。

从20世纪80年代中期起，中国实施的一系列政策措施减少了监管障碍，促进了中国银行业的对外开放，并开启了私营企业的信贷渠道。受改革开放的影响，政府开始尝试对私营企业的资本提供者予以更大的政策空间，并允许其在一定程度上可以参与到金融业的竞争和对外开放中。其主要思路是将国有金融机构作为资金渠道，为私营企业提供资金，向那些正在从农村向外转移的农村企业，甚至那些参与境外贸易的私营企业提供资金。这是历史性的重大突破，并且令人难以置信的是，在“文化大革命”结束之后的短短数年间就实现了。[4]

1980—1988年，中国金融系统的灵活性不断增加，改革者将银行和农村信用合作社（向农业提供贷款和储蓄服务的小型农村银行）的资

---

1 Pettis，*The Great Rebalancing*，64–65。这四家银行曾经被创造或重塑，例如农业银行于1965年被废止，中国银行于1980年从中国人民银行分离出来，而中国建设银行成为财政部的一个支付机构。

2 Joint Economic Committee Congress of the United States，1975，（Washington，D.C.: U.S. Government Printing Office，1976），658–659.

3 同上，531。

4 Yasheng Huang，*Capitalism with Chinese Characteristics*：*Entrepreneurship and the State*（Cambridge：Cambridge University Press，2008），143.

金引导至新兴私营企业的贷款中。对私营企业采取宽松的信贷政策，提供一系列专门服务于私营企业的金融工具，并默许这些金融工具的使用，构成了本次金融自由化过程的主要因素。例如，1984年，中国农业银行被批准向个体工商户提供更加灵活的利率，可以根据中央银行所设定的利率调节个体工商户的贷款成本。同时，针对拥有良好信用记录和较高自筹资金比例的借款者，宣布取消贷款担保的要求。[1]此外，降低对农村信用合作社的政府限制，并允许私营企业加入，改革者还积极地实现了大量金融机构的转型。通过此类政策，中国政府确保了农村经济发展有充足的资金支持，而这种方式符合中国经济转型的政治原则。中国人民银行也正式将城市信用合作社合法化，因此，类似的政策也在城市中得以实施。

20世纪90年代，中国政府通过增加银行的数量和种类来增加信贷供给。数十家的全国性新型股份制银行诞生（其中包括中国第一家民营股份制银行——中国民生银行）。股份制银行的股东既包括私营企业，也包括国有企业。城市信用合作社开始组建城市合作银行，并成为小型私营企业正规信贷的主要来源，20世纪80年代中期，它们主要向城市集体企业提供贷款。股份制银行的信贷活动迅速扩张，1995年年底，

1 Agricultural Bank of China，"Nongcun Geti Gongshangye Daikuan Shixing Banfa [Provisional regulations on loans to rural individual industrial and commercial businesses]，" in *1984 Nian Nongcun Jingrong Guizhang Zhidu Xuanbian*[Selection of rural financial regulations in 1984]，ed. General Office of the Agricultural Bank of China（Tianjin：Zhongguo jingrong chubanshe，1986），引自 Huang，*Capitalism with Chinese Characteristics*，145–146.

其人民币贷款总额达1 930亿元。[1]

1997年，中国共产党第十五次全国代表大会正式宣布了允许银行给私营企业提供贷款的政策，尤其是给快速发展地区和城市的中小企业提供贷款。政策要求银行基于违约风险和合格贷款者的业务前景，进行贷款决策。这促使一大批城市商业银行诞生，如上海银行和北京银行，它们的前身都是城市合作银行。这些银行稳步扩张，向那些对国有银行来说太小的私营企业提供贷款。[2]通过专注于私营企业（大部分为个体工商户和非国有企业）的贷款，这些银行有实力与国有银行及其覆盖的所有城市营业网络相竞争。（1994年，国有银行拥有约15 000家分行、支行和其他类型的办公场所，大部分集中在城市。[3]）

总体而言，一方面，政府发展银行业并消除了现有信贷供给中的部分垄断因素；另一方面，中国银行业的经营方式和文化也变得更加有利于商业经营，并为私营企业提供支持。此外，中国政府也增加了现有金融机构的私营部分，并允许私营机构在提供金融中介服务时更具有独立性。

因此，中国的银行业（以及经济）朝着更加市场化的方向发展。但是，增加银行的数量和种类并没有削弱四大银行在中国经济中的主导地位。四大银行的资产占整个银行体系总资产的44%。[4]而在交通银

1 China Banking Society, *Almanac of China's Finance and Banking 1996* (Beijing: China Financial Publishing House, 1996), 428，引自 Lardy, *Markets Over Mao*, 103.

2 Lardy, *China's Unfinished Economic Revolution*, 71–72.

3 China Banking Society, *Almanac of China's Finance and Banking 1995* (Beijing: China Financial Publishing House, 1995), 578，引自 Lardy, *Markets Over Mao*, 103.

4 整个银行体系还包括信用合作社。

行被纳入后，这一比例上升至48%，交通银行目前被认为是中国的第五大商业银行。正如尼古拉斯·拉迪（Nicholas Lardy，中文名罗迪）所指出的，这一比例反映了银行业的集中度，就像美国的五大银行在美国银行业中所占的比例一样，美国五大银行分别为摩根大通银行（J.P.Morgan Chase）、美国银行（Bank of America）、花旗银行、富国银行（Wells Fargo）和高盛集团（Goldman Sachs）。[1]

然而，尽管一些深入的改革和重组使中国银行业朝着更加市场化的方向转变，[2]但是中国尚未完全实现金融自由化。金融抑制仍然以贷款配额和利率上限的形式存在。虽然作为加入世界贸易组织的组成部分，中国开始将银行业向海外竞争者开放，但从2006年年底开始实施的措施并没有从根本上改变四大银行，它们仍然是支持政策目标的工具，而不是纯粹的基于商业基础而运营的商业实体。

1 China Banking Society, *Almanac of China's Finance and Banking 2012* (Beijing: China Financial Publishing House, 2012), 419, 423–427; and Audrey Redler, "International Comparison of Banking Sectors," European Banking Federation, March 18, 2014, www.ebf-fbe.eu. Cited in Lardy, *Markets Over Mao*, 32.数据为2011年的数据，是从中国银行业协会获得的最新数据。

2 尤其是国有商业银行，经历了大量的公共资产重组，剥离了资产负债表中的不良贷款，同时减少了分支机构数量和雇员。四大国有商业银行都公开上市，将股份出售给境外战略合作伙伴。伴随着银行监管者和其他措施的诞生，整个行业的治理有所改善。虽然面临着众多挑战，但总体而言，中国的银行更加开放、更具竞争力，且更加以市场为导向。Morris Goldstein and Nicholas R. Lardy, *The Future of China's Exchange Rate Policy* (Washington, D.C.: Peterson Institute for International Economics, July 2009), 45–46.

国有银行与国有企业之间的密切联系

中国货币当局通过信贷配额制度严格控制存款利率和贷款利率，管理着国内的信贷分配，同时确保资金便捷地从国有银行流向国有企业。国有银行与国有企业之间的联系导致的后果是极为不利的，而现在这种后果却根深蒂固。

一种可预期的结果是，在获得银行贷款的过程中，政治关联发挥着主要作用，而非信用评级和可靠的抵押物。国有银行通常基于地方政府的“要求”发放贷款，以支持其中意的项目。在多数情况下，这些项目没有得到中央政府的批准，所以中央银行没有提供任何资金用于放贷。因此，银行将从公众那里吸收的存款用于给这些项目发放贷款，而不是利用中央银行提供的专项资金。

国有企业借入的资金往往超过了其还款能力，甚至通过借款维持日常经营。国有企业经常利用廉价的资金来保持业务周转，否则就会亏损，这一趋势加重了问题的严重性。在政府支持国有企业（甚至是亏损的国有企业）的巨大压力下，银行最终承受着大量不断增长的违约贷款和偿付能力问题的负担。正如中国人民银行原行长戴相龙所指出的，1994年，国有银行的贷款违约率已经达到20%。而这一比例在1997年增长到25%，在2000年达到35%。[1]罗迪也认为，如果2013年全部贷款的违约率高达25%，那么主要银行将濒临无力偿还的危险。[2]

不良贷款所带来的沉重税收负担导致国有银行的资产质量不断下降，因为政府需要经常进行干预和注入公共资金以平衡银行的资产负债

1 Firth et al., “Inside the Black Box,” 1146.

2 Lardy, *Markets Over Mao*, 104.

表。中央汇金投资有限责任公司是一家国有投资公司，是中国投资有限责任公司的子公司。2003—2005年，在四大国有银行上市之前，中央汇金投资有限公司使用外汇储备向其注资790亿美元：向中国银行和中国建设银行分别注资225亿美元，向中国工商银行注资150亿美元，向中国农业银行注资190亿美元。

同时，银行业过度倾向于向国有企业提供贷款还挤出了私营企业，使得私营企业和家庭难以获得金融资源。在所有的违约贷款中，近40%为国有企业贷款，33%为地方政府贷款，而其余不到三分之一为私营企业和家庭贷款。[1]因此，银行难以完全满足他们的需求，很多私营企业——尤其是农村地区的私营企业——都不愿向国有银行申请贷款，反而更多地依赖非正规信贷（我在本章结尾更详细地讨论了这种情况向影子银行发展的趋势）。这成为一种恶性循环，因为对非国有企业的忽视阻碍了银行提升评估潜在借款者信誉优良的技能。银行仍然在探索如何正确地为贷款分配做决策。特别地，由于它们缺乏潜在借款者相关资质的信息，它们在获取可靠信息上面临着问题，这些信息与借款者[2]的还款能力相关，同时，它们也没有掌握支持贷款决策的信用历史记录。

最近几年，中国在削弱国有企业与大银行联系的努力中取得了一些进展，商业标准越来越多地成为中国银行贷款决策的基础。例如，对企业盈利能力的评估是批准贷款和决定贷款额度的一项标准。[3]这些变化带来的结果是，现在，中国的私营企业比改革时期中的任何时候都更容易获得信贷。然而，即使程度有所减轻，这样的情况依然存在，即拥

1 1995年年底，约83%的违约贷款是国有企业和地方政府贷款。Lardy，*China's Unfinished Economic Revolution*，83.

2 Firth et al.，"Inside the Black Box，" 1146.

3 同上，1144–1155.

有国有股权能够帮助企业获得贷款。同时，政治关联继续在向私营企业提供贷款的决策中发挥作用。银行偏向国有企业仍然从根本上扭曲了资本的配置，限制了私人企业获得资金。这削弱了竞争和效率，阻碍了中国向更加市场化的经济转型。

银行与资本市场

对于寻找金融资源的企业而言，替代银行的一种直接选择是资本市场。但是，在中国，即使是在资本市场中，银行也占据着主导地位。因此，国内的债券市场和金融市场发展缓慢，尤其是与国内迅速发展的实体经济相比。

例如，在股票市场中，大量过剩的国有股份限制着资金的供给。可流通股份占股票总市值的比例不到三分之一。此外，由于政府时常干预市场，或是为了回应证券经纪业的政治游说，或是为了稳定市场预期（如2015年夏季及2016年年初股票市场所发生的情况），普遍的看法是证券的市场定价很容易被操纵，上海证券交易所的交易规模反映了这些约束。从股票总市值来看，上海证券交易所总市值占中国GDP的45%，而纽约证券交易所却占美国GDP的91%。

类似地，中国的债券市场也与政府紧密相关。虽然自1990年以来，中国债券市场有所发展（目前，其规模约为30万亿元人民币，是世界第三大债券市场[1]），但其发展却取决于，或者在某种程度上受限于资金的需求方，这些需求大部分来自政府和与政府相关的主体。由于政府的

1 “BIS Statistics Explorer：Debt Securities Issues and Amounts Outstanding，” Bank for International Settlements，accessed December 1，2015，http：//stats.bis.org/statx/toc/LBS.html.

债务规模相对较小（只占中国GDP的40%），流通在外的政府债券总存量仅为10.7万亿元。[1]而公司债券市场的发展更为缓慢，并且只针对国有企业和国有控股企业。例如，2015年上半年，由私营非金融企业在国内债券市场发行的债券价值达到5 290亿元（仅占中国GDP的0.8%）。[2]这与美国的公司债债券市场相比，九牛一毛，美国的公司债券市值约为10万亿美元，占美国GDP的60%。

与证券市场一样，银行在债券市场中也占据着主导地位，扮演着三种角色：债券的主要发行者、最大的债券购买者和中介机构。中国农业发展银行、国家开发银行和中国进出口银行成立于1994年，并被指定为政策性银行，它们的重要作用是为经济发展、贸易和政府主导的项目进行融资。与财政部和中国人民银行一道，政策性银行发行了中国市场中大约78%的债券。政策性银行不具备商业银行的功能，也不允许持有存款。发行债券是政策性银行获得充足资金以提供贷款的唯一方式。

政策性银行和四大国有银行都是中国的大型银行，它们是中国债券市场的主要投资者。尤其是四大国有银行，它们是第一批被批准参与银行间市场的银行，同时它们仍然从自身的主导地位中获利。在全部发行的债券中，中国的商业银行大约持有68%的债券，而三家政策性银行合计大约持有10%的债券，基金管理者大约持有7%的债券，而其他市场参与者大约持有14%的债券。个人投资者由于政策限制的原因，几乎很少参与债券市场，大约只占全部发行债券的1%。

最后，银行充当金融中介的角色，并因此对债券市场拥有完全的

1 数据为2013年发行的政府债券。

2 People's Bank of China, "China Monetary Policy Report Quarter Two, 2015," August 7, 2015. http://www.pbc.gov.cn/english/130727/130879/2941536/3011604/index.html.

控制能力。银行间市场是目前主要的债券交易平台，所占比例超过国家债券发行量和交易量的90%。该市场只允许机构投资者参与批发的、报价驱动的银行间债券市场，而对非银行机构投资者和个人投资者有着严格的限制。

政府的目的在于，发展资本市场和减少银行与债券市场之间的联系。例如，中国的银行间市场近日开始对外国中央银行和部分外国金融机构开放。但是，中国的资本市场想要达到成为银行业的真正替代性选择的程度，还有很长的路要走。资本市场发展和对外开放的根本问题在于，发展和对外开放的进程与保持当前系统的需求存在冲突。尽管中国政府承认，像中国这样快速发展的经济体，从银行业之外筹集资本十分重要，但他们也担心，如果个人继续从储蓄账户中取出资金并显著增加股票和债券的配置，资本市场的发展将会削弱大型银行（因而影响许多国有企业的财务稳定性），其中的风险在于银行将缺乏流动性。

影子银行与储蓄国之谜

银行在中国经济中占据着压倒性的主导地位，这限制了中国资本市场的改革——正如2013年中共十八届三中全会所提到的以及“十三五”规划（2016—2020）所重申的，发展更加稳健的股票和债券市场尤为重要，这两个市场将提供更优的风险定价并改善融资渠道。当前的体系不仅难以运转，也继续维持着金融抑制。因此，中国成为一个拥有高储蓄率的国家（中国家庭的平均储蓄占其可支配收入的41%）[1]，同时也背负

1 "Household Savings," Organization for Economic Cooperation and Development, accessed December 1, 2015, doi: 10.1787/cfc6f499-en.

着沉重的债务负担。事实上，高储蓄和高负债是同一个问题的两面，除此之外，还反映了中国银行业的扭曲，这种扭曲源于国有企业与银行的密切联系，以及本国资本市场的发展受到限制。

消费信贷有限的可获得性使家庭需要通过储蓄来支持耐用消费品的购买。此外，公共医疗、养老和其他社会福利供给不足，以及较低的工资水平，也迫使家庭需要通过储蓄来进行自我保险。[1]1978年，中国的家庭储蓄累计存量为210亿元，占GDP的6%。[2]2013年年底，中国的家庭储蓄累计存量为14万亿元，占GDP的23%。[3]

过去数年，中国的家庭积极进行储蓄，而中国的企业也是如此。中国的企业通过低利率政策或针对国有企业的零利率政策，积累了大量的金融资源。自经济改革初期以来，大量的储蓄资金集聚在国内银行，为促进经济和就业的快速增长发挥了重要作用。但是，利率被人为地控制在较低的水平，储蓄者并没有从中获得较大收益。

除银行存款之外，储蓄者和私营企业可选择的其他金融工具非常有限，而此时，中国信贷增长迅速，刺激了未受监管的借贷活动，即影子银行（shadow banking）的扩张。银行、信托公司、保险公司、租赁公司、电子商务公司（如阿里巴巴）以及网络平台（如腾讯），都是中国影子银行的组成部分，此外，典当行和其他非正规贷款机构（如人人贷）也在其中。通过将钱存在如山西汇铂金投资公司这样有问题的机构中，储蓄者可以从所谓的资产管理计划的产品获得比银行存款更高的收

1 Marcos Chamon and Eswar Prasad，"Determinants of Household Saving in China"（working paper，International Monetary Fund，Washington，D.C.，2005），http：//www.researchgate.net/publication/228728598.

2 Lardy，*China's Unfinished Economic Revolution*，60.

3 路透社 Datastream 数据库，2016 年 5 月 18 日起可获得。

益——平均收益率为6%，而银行存款利率仅为3%。或者，他们可以将储蓄直接通过支付宝转到余额宝中，而支付宝是阿里巴巴旗下的在线支付平台；或是将储蓄放在非常流行的移动聊天工具微信中，而微信由腾讯公司运营。（2015年，余额宝的资金规模约为5 800亿元，余额宝成为中国最大的和全球第三大的货币市场基金。[1]）

在银行系统中，对于处于主导地位的四大国有银行之外的其他银行，影子银行是一种满足财务需求的方式。它们通过资产管理计划募集资金，并将这些资金配置到无法从国有银行获得正规贷款的项目中，如监管者认为过热的房地产项目。

这些贷款通常属于表外业务，不属于银行监管者的监管范围，因此这些银行被称为影子银行。只要借款者还款，所有参与者（包括借款者、银行和资产管理产品的投资者）都会受益。但是，一旦借款者对银行的贷款违约，银行就无法向投资者支付收益。这削弱了投资者的信心，使得银行很难吸引新的投资者而获得新的资金（影子银行类的投资工具倾向于较短的存续期，有时甚至少于3个月），这样一来，整个金字塔最终崩溃。正如肖钢所言，影子银行“本质上是一个庞氏骗局”。[2]

尽管影子银行让人感觉其名称本身有一种业务混乱的意思，但从组织和管理角度而言，影子银行却在中国发展得相当迅速。例如，银行开发并管理资产管理产品，在日常经营中将产品提供给客户。储蓄者从

1 截至2015年7月月底的数据。Lucy Hornby，“China tightens grip on internet financing platform，” *Financial Times*，July 19，2015，http：//www.ft.com/cms/s/0/6b6a6ac4-2dcd-11e5-8873-775ba7c2ea3d.html.

2 Xiao Gang，“Regulating Shadow Banking，” *China Daily*，October 12，2012，http：//www.chinadaily.com.cn/opinion/2012-10/12/content_15812305.htm.

银行购买或赎回这些产品，因此，他们认为银行会对这些产品提供保证，从而相信这些产品是安全的。但实际情况并非如此，中国工商银行近期明确表示，他们不会保护购买其资产管理产品的投资者，这些资产管理产品价值30亿元。同时，影子银行业务十分繁荣，2010年市场价值约为3万亿美元，2012年的市场价值则是2010年的两倍。2014年，国际货币基金组织在对中国的报告中指出，影子银行的规模大约占中国GDP的53%。[1]

中国人民银行开始对影子银行的扩张实施审慎监管。2014年，在监管部门涉入之前，影子银行发行的资产管理产品达14万亿元，几乎占全部银行存款的10%。[2]2015年年底，中国大约有4.4万亿元（占GDP的6.5%）的资产管理产品由货币市场基金管理。[3]

由于影子银行现在处于监管者的监管之下，中国政府担心，合法的银行会使用监管力度较低的资产管理产品来重新打包以前的贷款，同时，支持存在风险的企业和项目，这些企业和项目在正常情况下无法获得贷款。为了保持偿付能力，银行需要继续为这些企业和项目融资，以防止它们破产，因为这样也会导致银行的破产。

政府对债务的担心是有原因的。中国的总债务（包括政府债务和金融机构债务、非金融机构债务和家庭债务）自2007年以来上升了4

1 IMF，People's Republic of China 2014 Article IV Consultation—Staff Report；Press Release；and Statement by the Executive Director for the People's Republic of China. IMF Country Report，No 14/235，https：//www.imf.org/external/pubs/ft/scr/2014/cr14235.pdf.

2 感谢国际货币基金组织中国办事处工作人员对财富管理产品的估计。

3 Chris Flood. "China tightens money market regulation，" *Financial Times*，January 31，2016，http：//www.ft.com/cms/s/0/66f85d72-b949-11e5-bf7e-8a339b6f2164.html.

倍，[1]目前占GDP的282%。这与G7国家（美国、日本、德国、法国、英国、意大利和加拿大）的债务占GDP比例相当，如美国和德国的总债务分别占GDP的273%和210%，但对于发展中国家来说，这一比例是史无前例的高水平。[2]同时，债务也在以空前的速度增长，2008年，中国的债务仅为GDP的130%，在全球经济危机的影响下，政府实施了刺激性政策（包括一项大型基础建设投资项目）。随后，企业和省级政府都增加了负债，地方政府债务从2005年占GDP的13%增长到目前的33%。

历史上，一个国家如果经历这样的信贷增长速度和规模，最后都会爆发金融危机或是进入低增长的冷却期。此外，个人信贷上升到GDP的180%，几乎是公司债务的三分之二，这些数据都与美国和日本在最近的金融危机中的情况相似。国有企业和地方政府累积了如此多的债务，它们越来越需要通过影子银行获取充足的信贷以支持运行（另外，拥有良好信用评级和稳健资产负债状况的企业不需要通过影子银行获得信贷）。

过度的信贷增长、次级投资（尤其是房地产行业）以及不良贷款的增长为银行危机的爆发提供了孕育的土壤。正如美国和西班牙在2007—2008年金融危机爆发前的情况，便利和廉价的贷款，以及过度的流动性导致了风险被低估，因而造成市场失衡。然而，与这些国家不同的是，中国可以通过金融抑制维持这个体系，同时严格控制资本流动

1 Richard Dobbs, Susan Lund, Jonathan Woetzel, and Mina Mutafchieva, *Debt and (Not Much) Deleveraging* (London: McKinsey, February 2015).

2 Ruchir Sharma, "China Has Its Own Debt Bomb," *Wall Street Journal*, February 25, 2013, http://www.wsj.com/articles/SB10001424127887324338604578325962705788582.

和管理汇率（下一章将讨论的内容）。尽管中国通过管理汇率保持了廉价的出口和竞争力，促进了国内经济的发展，但也因此限制了人民币发展成为国际货币。

4

中国：没有
国际货币的贸易大国

中国的发展模式驱动着实体经济的转型，这一模式依赖于廉价资本（国内金融抑制）和廉价出口（汇率管理的重要性，我将在下一章对此进行讨论）。但是，中国非同寻常的改革过程并没有同样卓越的货币发展过程与之相匹配。人民币的国际化用途，即支付手段、计价单位、价值储藏[1]——国际货币应该具有的功能，受到其有限的可兑换性的阻碍，这导致了中国的银行业和金融业不具备竞争力。

一个国家的经济发展与国际地位之间的联系通常反映在货币方面。较好地融入区域发展或全球发展的国家，不仅拥有功能完备且相对开放的市场，还拥有国际货币，较大的经济体应当拥有关键国际货币（或储备货币）。虽然中国目前拥有储备货币，但储备货币的流通相对于其经济实力而言太小。引用诺贝尔奖得主罗伯特·蒙代尔（Robert Mundell）的话，中国是一个没有强大货币的强大国家。[2]

1　本国和外国居民均是如此。就集体而言，一种国际货币可以被用于个人目的，如货币兑换、贸易、金融交易的标价和计价；它也可以被用于公共目的，如官方储备、外汇干预的工具货币或钉住汇率的锚货币。Peter B.Kenen，*The Role of the Dollar as an International Currency*，Occasional Paper13（New York：Group of Thirty，1983）；Menzie Chinn and Jeffrey Frankel，“Will the Euro Eventually Surpass the Dollar as Leading International Reserve Currency？”（Working Paper 11510，National Bureau of Economic Research，Cambridge，MA，2005）.

2　事实上，蒙代尔于1993年写道：“强大的国家拥有强大的货币。”Robert Mundell，“EMU and the International Monetary System：A Transatlantic Perspective”（Working Paper 13，Austrian National Bank，Vienna，1993）.

在美元之前，英镑是国际上的关键货币。英镑在英国广泛流通，用于计价、结算以及为大部分国际贸易提供资金。英国是第一个工业化国家，是当时世界上最大的经济体（占全球GDP的8%），是一个强大的帝国和国际贸易与金融结算中心。曼彻斯特、谢菲尔德和英格兰北部的工厂需要大宗商品与半成品来制造引擎、蒸汽轮船、机车和铁路，而日益富有和不断扩大的中产阶级是糖、茶、咖啡、辣椒、银器和丝绸的狂热消费者。1860—1914年，英国吸纳了全球其他国家超过20%的出口。

作为主要的国际贸易和储备货币，英镑成为金本位制度的核心，英镑的货币价值与其转换为黄金的可兑换性挂钩。对于没有居住在英国，但持有英镑用于贸易和投资的个人和企业来说，这是一种保持英镑价值的方式。英国早在1821年就采用了金本位制度，而世界上的其他国家则分为两类：一类采用单本位（银本位）制度（如德国所采用的货币制度）；另一类采用复本位制度（如美国和法国等所采用的货币制度）。英国在贸易中强大的主导地位对其他经济体产生了影响，它们认为有必要和主要经济体采取一致的货币体系，而重新统一的德国在19世纪70年代开始采用金本位制度。

大部分贸易都在伦敦进行，这促进了国际货币支付体系中银行和金融活动的发展，这些活动将英镑作为主要货币。同时，英国也向其他国家输出资本。自19世纪80年代起，英国的对外投资开始迅猛增长，尤其是对北美洲和南美洲的投资，其他投资则大致均匀地分布在欧洲、亚洲、非洲和大洋洲。1913年，英国已成为当时世界上最大的资本输出国，总额达90亿英镑，居于法国、德国和荷兰之前。

直到第一次世界大战爆发，英国才停止了英镑的可兑换性，英镑

“就像巨人一般控制着金融世界”。[1]尽管英国的国民总收入在1870年被美国超越，并且其工业大国的地位分别在1880年和1905年被美国和德国超越，但是英镑仍然使英国处于20世纪世界经济和金融的中心。即使在1947年，英镑仍然占全球外汇储备的87%。第二次世界大战结束10年后（英镑贬值30%），美元在官方储备中的份额才超过英镑。20世纪70年代早期，大部分钉住英镑的货币转而钉住美元或以贸易为权重的货币篮子。在石油危机期间，英镑的商业地位相较于美元大幅下降。正如凯瑟琳·申克（Catherine Schenk）在其著作《英镑的衰落》（*The Decline of Sterling*）中所指出的，不断上升的国际流动性、通货膨胀、地缘政治的重新布局以及国际合作，是英镑从国际地位降至国家地位的核心因素。[2]

英国与英镑相互交织的发展过程以及美国与美元相互交织的发展过程（在第1章中进行了讨论），都突出了中国发展的异常。就像19世纪的英国和20世纪的美国，中国目前是世界上最大的贸易国之一和地缘政治最强大的国家之一。但与英国和美国不同的是，中国并不拥有与之对应的货币，这种货币应当反映并完善中国不断上升的国际实力。在当今多极化的世界经济中，美国的相对权重有所下降，而中国和其他发展中国家的相对权重则有所上升，中国缺乏国际货币的不协调与美国的货币霸权一样，都是不合理的。

在本章和下一章中，我将深入讨论“强大的国家没有强大的货币”

1 Benjamin Cohen, *The Future of Sterling as an International Currency* (London: Macmillan, 1971), 62.

2 Catherine R. Schenk, *The Decline of SterlingManaging the Retreat of an International Currency, 1945—1992* (Cambridge: Cambridge University Press, 2010).

这一悖论。我认为，目前的状况是由金融抑制及其推动中国发展模式的相关政策产生的后果，这些政策包括对汇率的管理以促进经济增长和充分就业，还包括对资本流动的持续限制。目前，汇率是中国增长模式中最关键的部分。中国的外汇管理政策运行良好，并且的确在中国经济的转型过程中发挥了重要作用。然而，这也导致了人民币的非国际化货币地位更加牢固。正如我在下文所讨论的，中国现在已经到了经济发展的一个临界点，此时，中国在管理汇率和积累外汇储备方面代价高昂以致不能持续。

贸易与汇率：废除闸门制度

国际贸易需要国际货币，或者可以兑换为国际货币的本国货币，以便进行贸易的计价和结算。数年来，对外贸易计划体制控制着商品（主要是生产资料）的价格和交易量，对外贸易公司可以购买的商品价格和数量以及国内生产者的需求，都在计划中予以明确。对于生产者而言，由中央确定固定价格，无论是在国内销售还是在国外销售，他们都必须接受这一价格。因此，市场信号被压制，例如，在需求更旺时，生产者没有动力生产更多的产品用于国际市场的销售。[1]在1978年之前，世界银行将中国的贸易机制定义为“闸门制度”，因为国内价格和国际价格的分离使得前者与后者一样稳定。[2]

---

1 Nicholas R. Lardy，*Foreign Trade and Economic Reform in China 1978—1990*（Cambridge：Cambridge University Press，1992），19–20. 20世纪50年代中期，国内市场和国际市场的价格完全分割。

2 World Bank，*China*：*Long-Term Issues and Options*（Baltimore，Md.：John Hopkins University Press，1985），97，quoted in Lardy，*Foreign Trade*，20.

特别地，针对进口商品的价格分离制度保证了国内工业品的价格与国外工业品的价格相同，进而保护了国内产业，尤其是机械工业。进口定价制度支持着由此产生的贸易制度，这样的贸易制度本质上引导着国内产品逐步替代进口产品（进口替代），[1]进口生产资料占中国全部进口的90%，并使得国内生产者能够以相对较低的价格获得这些生产资料。同时，实践表明大部分进口商品的国外价格与国内终端用户无关，因为进口商品的价格是以国内商品类似的机制进行定价的。严格的计划体系意味着，汇率几乎没有可浮动的空间来影响进口量和出口量。

为了保持进口价格相对较低，中国政府将人民币的官方汇率设定在非常高的水平，并持续保持这一水平。1955年，人民币汇率被固定在1美元兑换2.46元的水平，并保持了近20年不变，但是，在黑市中，汇率高达两倍。[2]人为地高估人民币导致了人们对外汇的过度需求，在这样的需求下，黑市中能够以更高的汇率兑换货币，这是一种黑市和官方市场之间的套利活动。因此，这种需求应当通过严格和高度集中的外汇管制系统来进行管理，而这些管制反过来限制了中国和与其他国家的贸易往来。

这一系统也与邓小平的贸易自由化政策相矛盾。1977年，邓小平复出时，出口在按照国内货币计价的情况下是亏损的，存在70%的累计经济损失。由于进口是供给链的一部分，当中国经济开始越来越依赖进口（如大宗商品和半成品）时，政府无法继续遵循以前的货币管制机制。为了对进口提供经济支持，以供给不断扩大的制造业，中国政府需

1 Lardy, *Foreign Trade*, 20. This was the case especially in the 1950s and 1960s.

2 邓小平哀叹黑市的外汇交易"中断了经济改革的平稳进行"。Graham Earnshaw, "China's Currency Blackmarket Blossoms," Reuters, August 18, 1984—1996, http: //www.earnshaw.com/other-writings/chinas-currency-blackmarket-blossoms.

要迅速增加出口并获得外汇。

进一步的国内价格体系改革十分必要，尤其是官方汇率改革。第一步就是要将人民币价值降低至不会影响中国出口竞争力的水平。1981年，人民币价值降低了近一半，但在随后的15年中，贬值程度非常小。缓慢的贬值速度不仅是出于经济方面的考虑（相应的主管部门担心贬值会导致国内的通货膨胀），也是对抗政策阻力的需要，特别是来自中央银行、商品价格管理局和计划经济委员会的政策阻力。[1]这些年，中国的经济模式主要是基于生产国内所需要的商品，而为了保证国内制造业所需要的商品价格和其他进口商品价格保持在足够低的水平，汇率就必须保持强劲。货币贬值将注意力从进口商品价格转移到出口商品价格上——支持邓小平的发展模式，确立了官方汇率应当包括赚取外汇成本的原则。[2]

1986年，为了满足外汇的需求和供给，中国政府决定在主要城市建立外汇交易中心或“调剂中心”。这些中心在拥有超额外汇供给和超额外汇需求的中国企业中充当外汇的中介，交换的比例以参与各方认为可接受的价格为准。这项政策标志着向建立外汇分配的市场化机制迈出了关键的一步。在随后几年中，这些中心参与度越来越高并在更多的城市设立。实践证明，发展以市场价格进行贸易和建立中外企业可以进行外汇交易的交易中心十分重要，反之亦然。[3]换句话说，利用这些中心，中国政府创造了一个处于萌芽期的外汇市场，在这个市场中，企业可以相互开展贸易。

1 Lardy, *Foreign Trade*, 120.

2 同上，113。

3 William H. Overholt, *The Rise of China: How Economic Reform is Creating a New Super Power* (New York: Norton, 1993), 162.

1986年7月，中国政府宣布了另一次人民币对所有货币的贬值，本次贬值幅度为15.8%。在随后发生的贬值中，汇率从1990年11月1美元兑换5.2元变为1994年4月1美元兑换8.7元。此后，直到2005年7月，汇率都较为稳定地保持在1美元约兑换8.2元的水平，这也是中国加入世界贸易组织时的汇率水平。稳定的、可预期的汇率鼓励了企业参与国际贸易，尤其是鼓励了国际贸易中的出口商，因为中国的出口在以美元计价时价格相对便宜。

人民币钉住制度和有管理的汇率制度

闸门制度的废除和人民币贬值是中国发展的正确方向，下一步则是向更加灵活的、更加现代化的、以市场为导向的货币管理体系发展。在这一体系中，汇率根据市场信号进行调整。

中央银行和货币当局为了控制汇率波动并为国际价格水平提供名义标准，开始转向钉住制度。发展中国家和新兴市场国家将本国的货币钉住一种国际货币（通常为美元），以使价格保持稳定，并增加本国货币的可信度，否则这些国家的货币在国际上的信用度会很低。特别地，通过钉住制度，这些国家减少了汇率风险，同时避免了货币升值带来的本国出口竞争力下降。日本就曾经经历过这样的危机，20世纪80年代中期至20世纪90年代，疯狂升值的日元降低了日本出口商的竞争力，同时造成了国内的通货紧缩螺旋。[1]钉住制度对小型开放经济也是有意义的，如丹麦与大部分欧洲货币联盟国家进行贸易——丹麦克朗自

1 Ronald I. McKinnon and Kenichi Ohno, *Dollar and Yen: Resolving Economic Conflict Between the United States and Japan* (Cambridge, Mass.: MIT Press, 1997), 183, 188, 199.

1999年起钉住欧元。

钉住制度的缺点在于，在这种制度下，一国的货币政策会间接地与钉住货币发行国相联系，一个明显的例子就是美国。例如，如果美联储采取了更加宽松的货币政策，从而降低了美元的汇率，那么钉住美元的国家最终就会引进这项货币政策，而这项货币政策对于这些国家的自身情况来说，过于宽松。不采用钉住货币制度则赋予了一国政府制定货币政策时更大的灵活性。但是，当中国开始转向更为灵活的人民币钉住美元的方式时，这些并不是中国主要担心的问题，这在技术上被称为爬行钉住制度，在这种制度下，汇率可以对固定汇率进行小幅调整。相反，用中国人民银行的话来讲，中国的目标在于“促进国际收支基本平衡，维护宏观经济和金融市场的稳定”。[1]换句话说，中国希望通过汇率制度更好地反映其贸易份额，尤其是与欧洲的贸易，同时减缓美元的积累速度。

钉住制度的另一个缺点在于，该制度需要通过干预外汇市场来将汇率维持在钉住汇率的水平。对于其他国家（特别是贸易竞争国）来说，这种做法等同于以邻为壑的政策。这就是中国与美国面临的情况，与其说美国对中国选择的汇率制度表示不满，还不如说美国是对这样一个事实不满：虽然数额巨大的贸易盈余推动着人民币升值，但大量的市场干预对于将汇率维持在钉住美元以及一篮子货币的水平十分必要。如果中国像美国或其他贸易竞争国那样选择了浮动汇率制度，那么大量的贸易盈余（前文提到过，全球金融危机之前，中国的净出口约为GDP

1 Richard McGregor, Edward Alden, Andrew Balls, and John Burton, “China Ends Renminbi’s Decade-Old Peg to Dollar,” *Financial Times*, July 22, 2005, http://www.ft.com/cms/s/0/f56082a0-f9d9-11d9-b092-00000e2511c8.html.

的7%）[1]会变得不那么重要，因为强劲的汇率会使出口更加昂贵。国际贸易中的竞争者将这种干预视为不公平的优势，这使得一国可以通过保持汇率来降低出口价格。

中国多年来采取的汇率政策在美国引起了极大的不满，在很多情况下，这成为两国关系的巨大阻碍。美国财政部每半年向国会报告对国际经济和汇率政策的情况，[2]在2006年的报告中，他们认为，中国的贸易盈余数量巨大并不断增长，而其汇率却相对稳定——“被低估”，这引起了美国财政部对“汇率操纵”问题的关注和担忧。2005年，美国财政部甚至要将中国列为汇率操纵国，这是近20年来，美国财政部首次给一个国家贴上这一标签，并可能导致与中国产生重大的争论。

但中国并没有被贴上这一标签，就在数周后的2005年7月，中国政府对执行了数十年的汇率政策做出了重大改变，中国从人民币钉住美元的汇率制度转向人民币钉住一篮子货币的汇率制度。中国的中央银行每天根据一篮子货币的价值来确定固定汇率。尽管这一举动暂时平息了美国国会的不满，并受到了新闻媒体的热烈欢迎［美国财政部秘书约翰·斯诺（John Snow）公开赞赏了中国的决定，“中国今天宣布采取更为灵活的外汇汇率制度，我对此表示欢迎”[3]］，但外交并不是中国的主要目的。中国政府认为，更加灵活的、更少依赖美元的汇率制度将有助于减少中国面临的美元风险，并降低贸易盈余。推动这次改革的是中国

1 2006年数据。“Report to Congress on International Economic and Exchange Rate Policies,” 29，U.S. Treasury Department，June 2007，https：//www.treasury.gov/resource-center/international/exchange-rate-policies/Documents/2007_FXReport.pdf.

2 同上，32–33。

3 “China Launches Currency Shake-Up,” BBC News，July 22，2005，http：//news.bbc.co.uk/1/hi/business/4703477.stm.

自身经济平衡的需要，而不是来自美国的压力或世界上其他国家的担忧。[1]

这一举动暂时缓和了中美之间的紧张局势，但很快又回到原点。尽管2005—2007年，人民币兑美元的汇率上升幅度超过8%，但美国国会又一次声明，中国的汇率政策事实上对其本国的出口进行了补贴，并因此形成了中国不公平的优势。2006—2007年，在参议员林赛·格雷厄姆（Lindsey Graham）的支持下，参议员查尔斯·舒默（Charles Schumer）向美国政府提交了一份议案，“对所有从中国进口的产品征收27.5%的关税”，除非美国总统确认中国停止“以维护有效的国际收支平衡和在国际贸易中获得竞争性优势为目的”而操纵汇率。[2] 2007年，国际货币基金组织成员在制定国家货币监管的新规则时，美国财政部明确表明他们希望人民币被认定为存在“根本性的偏差”。[3]

经过一年的徘徊，2008年夏，国际货币基金组织准备了一份与中国的第四条款磋商报告，其中包括一项对人民币被严重低估的指控。然而，雷曼兄弟却在报告即将发布的前几周破产，而这份报告并没有被发布，中国的货币问题也从美国的日程表中消失了。[4]同时，全球金融危机的爆发迫使中国暂停将人民币钉住一篮子货币，回到钉住美元的制度以提高货币的稳定性并最小化危机带来的影响。这一转变毫无疑问引起

---

1 Yongding Yu，“Rebalancing the Chinese Economy，” *Oxford Review of Economic Policy* 28，no. 3（2012）：552，doi：10.1093/oxrep/grs025.

2 Claude Barfield，“Congress and Chinese Currency Legislation，” VoxEU，April 16，2010，http：//www.voxeu.org/article/congress-and-chinese-currency-legislation.

3 中国人同样也在积极地避免人民币存在偏差。参见Paul Blustein，*A Flop and a Debacle*：*Inside the IMF's Global Rebalancing Acts*，Paper 4（Waterloo，Ontario：Centre for International Governance Innovation，June 2012），11–13，22.

4 同上，8。

了美国国会的争论，尤其是当关注的焦点最终从危机转移开时。2010年6月，[1]随着来自美国国会的压力越来越大，中国货币当局转回“以市场供求为基础、参考一篮子货币进行调节、有管理的浮动汇率制度”，并再次将人民币钉住一篮子货币。正如中国货币当局在G20伦敦峰会上对其政策的描述，他们将“继续改善汇率制度”。尽管中国暗示了此时的时机非常巧合，同时他们并没有感到“G20成员国对货币问题的压力有任何不同”，[2]但汇率问题是G20峰会讨论的一部分，而中国的这项举动平息了与美国之间对此存在的潜在冲突。

对汇率操纵问题的担忧于2014年再次浮出水面，此时，中国人民银行放松了对贸易的限制，允许人民币围绕固定汇率上下浮动2%。中国货币当局每天根据人民币兑美元的价值来确定固定汇率，通过扩大贸易浮动范围，赋予了人民币升值或贬值的更大的灵活性。但是，尽管提供了更大的灵活性，但这一举动并没有很好地被美国接受。

在这项政策实施后的数周内，人民币兑美元汇率下降了1.5%。美国财政部的官员认为，这次“改革”标志着中国政策的改变——逐渐远

1 “Further Propelling the Currency Reform and Strengthening the Flexibility of the Renminbi Exchange Rate,” People’s Bank of China，June 19，2010，http：//www.pbc.gov.cn/publish/zhengcehuobisi/641/2010/20100621164121167284376/20100621164121167284376.html.

2 评论来自中国人民银行副行长张涛（2016年10月，国务院免去张涛中国人民银行副行长职务，现任国际货币基金组织副总裁）。参见Ding Qingfen and Wang Xing，“Official：Currency Reform ‘Our Own Affair,’” *China Daily*，June 28，2010，http：//www.chinadaily.com.cn/china/2010g20canada/2010-06/28/content_10025959.htm.

离那些代表市场汇率的汇率安排。[1]美国财政部2014年在提交给美国政府的报告中专门指出，人民币是被“严重低估的货币”。报告同时强调，需要持续推动市场汇率的进程，并补充说，“这包括了结束在限制范围内的干预，如果市场压力推动汇率到达限制范围的边缘，应该允许调整参考汇率”。[2]和以前一样，就在政策变化实施后的数周内，美国政府便集中关注人民币价值的下降，没有考虑人民币的价值正处在上升的趋势中。

中国在货币市场的频繁干预依然是中国与美国争论的原因。然而，事实上，引入交易限制制度是人民币汇率制度发展所迈出的重要一步，其发展的方向更加灵活，因此更加能够反映市场的需求。

中国汇率所钉住的一篮子货币的构成以及货币篮子中各种货币的权重，都尚未正式公布。货币篮子的构成很可能会反映一国贸易的构成，从而使其汇率能够保持一定的稳定性，即在主要贸易伙伴货币的汇率附近波动。由于美国是中国的主要贸易国之一，而美元是中国在国际贸易中使用最多的货币，于是美元最可能成为篮子中最主要的货币。2015年12月，在将人民币纳入特别提款权一篮子货币后，中国人民银行感受到更加详细地描述其货币系统运行方式的紧迫性，同时也需要强调，人民币汇率并不是根据一篮子货币自动进行调节的。他们还注意到，市场参与者“为了简单起见”，更加关注人民币兑美元的双边汇率，

---

1 Robin Harding and Josh Noble, “US Warns China After RMB Depreciation,” *Financial Times*, April 8, 2014, http: //www.ft.com/cms/s/0/3355dc74-bed7-11e3-a1bf-00144feabdc0.html.

2 “Report to Congress on International Economic and Exchange Rate Policies,” 4, Office of International Affairs, U.S. Treasury Department, October 15, 2014, https: //www.treasury.gov/resource-center/international/exchange-rate-policies/Documents/2014-10-15%20FXR.pdf.

而不是人民币兑一篮子货币的汇率。“更进一步讲，对所有市场参与者而言，从关注人民币兑美元双边汇率转向更加关注人民币兑一篮子货币的汇率是可行的。当然，这一调整过程需要一些时间。”[1]虽然长篇的解释向人民币的市场参与者再次确认了中国人民银行保持和推动汇率灵活性的意愿，但这没有在已知的信息基础上增加更多信息，或是提供一篮子货币构成的进一步信息。

数年来，保持汇率稳定并钉住一篮子货币，尤其是钉住美元，已经成为中国领导层经济战略的一部分，并且这一战略与其扩张贸易的目标相一致，汇率稳定对于进口商和出口商来说同样重要。但是，当经济持续扩张而外汇流入时，国际市场对人民币的需求上升，特别是全球金融为危机开始之前和结束之后的2~3年。的确，当经济持续扩张时，由于就业的增加、投资的扩大以及消费的增长，对经济扩张国家所发行货币的需求也有所增加：经济的齿轮需要货币来润滑。国外投资者希望参与到不断增长的经济中来，而外国消费者则增加了对经济增长国产品的消费。因此，该国的货币倾向于增值。

汇率的波动和过度升值会导致中国出口价格上升，为了避免这一情况的发生，货币当局必须干预货币市场，并且以相当大的数量买入和卖出美元以影响人民币的美元价格。因为人民币供给的增加产生了通货膨胀的威胁，或是会引发相关资产的泡沫，如房地产资产，所以中央银行需要吸收国内货币市场中多余的流动性，这些多余的流动性源于中央银行在外汇市场中的干预。这一措施通常被称为“对冲”（sterilization），我将在下一章进行详细讨论。中国人民银行为了控

1 “RMB Exchange Rate Has a Solid Foundation to Remain Stable Against a Basket of Currencies,” People’s Bank of China, December 14, 2015, http://www.pbc.gov.cn/english/130721/2989190/index.html.

制货币扩张所使用的其他措施还包括提高国内大型银行的存款储备金率——2016年3月，银行的存款准备金率被提高到银行总资本的17%。[1]类似的措施使货币当局能够控制和调节人民币汇率，人民币汇率在2005—2007年上涨了3%，在2008年上涨了5%。从2009年到2013年年底，人民币升值超过10%。

有限兑换的货币

除钉住制度和市场干预外，中国还拥有其他的汇率管理工具，特别是对资本账户的限制。在揭示这些限制如何帮助中国控制汇率之前，我将对资本账户是什么以及资本账户与经常账户之间的区别进行描述。

伴随着贸易和投资的发生，货币会从一国流入或流出，如一个拥有贸易盈余的国家（如中国）获得货币的净流入。经常账户记录着由贸易产生的货币流入与货币流出，比如为商品和服务的进口和出口进行支付，一个开放的经常账户意味着对贸易产生的资本流动不施加任何限制。类似地，资本账户记录着由国外对国内投资（或收回投资）以及本

1 Alice Y. Ouyang, Ramkishen S. Rajan, and Thomas D. Willett, "China as a Reserve Sink: The Evidence from Offset and Sterilization Coefficients," *Journal of International Money and Finance* 29, no. 5 (September 2010): 951–972, doi: 10.1016/j.jimonfin.2009.12.006; John Greenwood, "The Costs and Implications of PBC Sterilization," *Cato Journal* 28, no. 2 (Spring-Summer 2008): 205–217, http://object.cato.org/sites/cato.org/files/serials/files/cato-journal/2008/5/cj28n2-4.pdf. For the recent change in reserve requirement ratio see Bloomberg News, "China Cuts Banks' Reserve Requirement Ratio," February 29, 2016, http://www.bloomberg.com/news/articles/2016-02-29/china-cuts-reserve-ratio-in-latest-step-to-support-growth.

国居民对外投资（或收回投资）产生的货币流入与货币流出，当货币为了投资于金融资产而流入和流出一个国家时，该国的资本账户被认为是完全开放的。

由于中国加入世界贸易组织后进行的改革，中国的经常账户自21世纪初就已经完全开放，但中国的资本账户却受到限制。对于中国货币当局而言，控制资本流动是保持稳定汇率的一种方法，也是通过避免人民币需求的突然上涨来确保金融稳定性的一种手段。例如，在全球金融危机之后（此时，美国的利率几乎为零而美元非常疲软，而中国的经济却十分稳健），如果中国的资本流入（或流出）没有受到限制，大部分海外投资都将投向中国。这对汇率施加了压力，人民币的价值被推高。

进一步地，不受限制的资本流动会在拥有高储蓄率但受到金融抑制的国家引发问题，如中国。正如我在第3章所讨论的，高储蓄率导致对金融资产的高需求，但金融抑制却限制了投资机会和投资回报率。为了避免资本流动的波动，货币当局限制了本国居民货币流入或流出的数量。

最后，如果人民币被外国居民持有，那么人民币在外部冲击下就会非常脆弱，限制资本流动的政策反映了对人民币脆弱性的担忧。例如，如果外部条件发生变化，如美国的利率显著上升而美元强劲就会导致境外投资者抛售人民币资产转而投向美元资产，这将通过股票市场崩溃或银行倒闭引发国内金融市场的波动。

然而，尽管中国对资本账户施加了限制，但强调资本账户并非是封闭的依然非常重要（1979年之前，资本账户是封闭的）。货币可以流入和流出中国，但货币流入和流出的形式，以及更重要的货币流入和流出的数量，由中国政府设定。他们通过行政控制和监管来管理中国及其他国家资本的流入和流出。

资本流动如何被控制呢？中国企业允许持有或卖出外国货币，但只能通过官方机构并在相关机构的批准下进行，如商务部、国家发展和改革委员会（NDRC）和国家外汇管理局（SAFE）。此外，如果企业计划利用外汇对外进行投资，那么企业需要向管理当局申请，这一过程往往涉及多个行政部门，因而非常耗费时间。例如，超过10亿美元的境外投资项目需要经过国家发展和改革委员会的批准，而低于这一金额的投资则需要经过省级发展和改革委员会的批准。[1]个人的境外投资也受到限制，如每年个人将人民币兑换为外币的数量不能超过5万美元等值外币。（很多富有的中国人成为境外房地产的重要买家，这意味着替代性渠道的存在，如非官方的货币兑换者或虚开贸易发票，通过这些渠道可以将人民币输出到境外。）

一些境外企业想要获得人民币资产，或者将人民币计价的利润或支付转换为外币，对于这些企业而言，这一过程将更加复杂。除了获得国家外汇管理局的批准，境外企业还需要满足一系列的条件：所有的税收都足额缴纳，以前会计年度的损失全部弥补，交易必须由具有资质的银行进行或提供保证。[2]此外，外国人（包括企业和个人）不能投资于

1 Haihong Gao and Yongding Yu，“Internationalisation of the Renminbi”（paper presented at the BoK-BIS Seminar on Currency Internationalization in Seoul，South Korea，March 19–20，2009），http：//www.bis.org/repofficepubl/arpresearch200903.05.pdf. This study uses data for the capital account at the end of 2007.

2 Xiaolian Hu，“Convertibility of RMB-Denominated Capital Accounts：Process and Experience，” in *China's Emerging Financial Markets：Challenges and Global Impact*，ed. Min Zhu，Cai Jinqing，and Martha Avery（Singapore：Wiley，2009），449–458.

中国国内的股票、债券和其他金融资产。[1]在中国居住的非本国居民可能在开设存款账户时面临着障碍或限制——这不同于生活在美国的非美国居民。所有的限制让人民币成为一种仅具有有限可兑换性的货币，同时，人民币在境外的流通也受到限制。

伴随着中国经济在其他方面的发展，近年来的措施使得中国和外国企业的资本流入和流出都更加容易了（尽管个人的资本流动仍然受到较大的限制）。这些措施集中于逐渐解除长期直接资本流入的限制，也就是指货币流入中国并成为长期资本投资。例如，外商直接投资，假定此类投资与短期非直接投资（如债券和股票）相比，外商面临着更小的风险，且更少地受投机动机驱动。资本账户的开放依次按照以下顺序展开：资本流入、直接投资、长期投资、债券和机构投资者。[2]

特别地，2006年，中国引入了类似于QDII（合格的境内机构投资者）和QFII（合格的境外机构投资者）一类的协定，为资本流入和流出开辟了一条小型渠道。QDII允许国内金融机构（如资产管理者）投资境外的股票、固定收益和货币市场资产，以及向本国投资者出售包含境外股票和债券的共同基金。[3]与之对应，QFII则允许境外投资者买卖

1 2018年8月15日，中国证券监督管理委员会发布《关于修改〈证券登记结算管理办法〉的决定》，进一步放开符合规定的外国人开立A股证券账户的权限。——编者注

2 陈雨露指出，最佳的开放顺序是："先开放资本流入，再开放资本流出；先开放直接投资，再开放间接投资；先开放间接投资，再开放银行信贷；先开放长期投资，再开放短期投资；先开放机构投资，再开放个人投资；先开放债券，再开放股票和衍生品；先开放一级市场，再开放二级市场；先开放真实资产为基础的交易，后开放非真实资产为基础的交易。" Chen Yulu，*Chinese Currency and the Global Economy*（Chicago：McGraw-Hill，2014），123.

3 政府计划建立一个QDII项目来允许中国居民（而不仅仅是机构投资者）在境外资本市场进行投资。

在离岸交易所进行交易的以人民币计价的中国A股。这些项目有助于对不断增加的外部不平衡压力、迅速增长的外汇储备以及稳定增长的国内股票市场做出回应——尽管在2008年全球金融危机的高潮期间，它们都被暂停过。2015年7月，中国证券监督管理委员会将QFII的配额从800亿美元增加至1 500亿美元。

中国资本账户开放的进程正在进行，而到目前为止，其开放的速度比经常账户开放的速度缓慢得多。根据国际货币基金组织对资本控制类别的定义，中国经济学家高海红和余永定认为，中国超过一半的跨境资本贸易（在资本账户下的）都对所有人开放，包括本国居民和外国居民，而还有一半受到限制。[1]受到限制的比例近年来增加至四分之三，[2]而2015年，周小川指出，根据国际货币基金组织对资本账户贸易的分类，40项中的35项全部或部分实现了可自由兑换。[3]但是，与资本流动最相关的交易仍然受到限制，或需要经过复杂的行政程序和审批。因此，货币当局仍然依靠资本控制来保护国内大部分脆弱的产业免受外部冲击。在国内金融产业多元化有限的情况下，通过市场干预，中国控制了过度的流动性，并处理了大量无法被市场吸收的资本流入。由于受到资本流动的限制，人民币成为一种不可兑换的货币，这限制了人民币的流动性和充当国际货币的能力。

1 Gao and Yu，“Internationalisation of the Renminbi，” 8–9.

2 感谢高海红基于尚未发表的研究进行的信息更新。

3 “IMFC Statement by Zhou Xiaochuan，Governor，People’s Bank of China”（Thirty-First Meeting of the International Monetary and Financial Committee，International Monetary Fund，Washington，D.C.，April 18，2015），5，https：//www.imf.org/External/spring/2015/imfc/statement/eng/chn.pdf.

5

人民币没有真正成为国际货币的代价

人民币目前还不是完全成熟的国际货币。正如我们在第1章所了解到的，成熟的国际货币应当能够吸引外国居民将其作为一种交换手段、计价货币以及贸易结算方式。成熟的国际货币也应当吸引全球范围内的个人、企业和政府持有，并将其作为一种价值储藏手段。美元就是一种出色的国际货币。

在最近一次到赞比亚的访问中，我的导游给了我一份当地贸易者接受货币的排名清单：第一是美元，在所有地区都被认可和接受，即使是在最偏远的村庄；第二是欧元，在较大的城镇或有大量欧洲游客的地区被接受；第三是英镑，在英国过去的殖民地依然被用于贸易并且主要被较年长的一代人接受；清单上的最后一名是南非兰特和赞比亚克瓦查（当地货币）。中国是赞比亚重要的贸易和投资伙伴，赞比亚对中国的出口占赞比亚GDP的5%，而中国对赞比亚的直接投资占赞比亚GDP的7%。但是，人民币并没有出现在导游所提供的“优质货币”排名清单上。他把这简单地解释为需求问题：人民币没有市场，并且将人民币兑换为“优质货币”也不便捷。因此，没有人乐于接受人民币。

这则轶事是人民币缺乏国际地位的缩影。人民币的国际流通有限，流动性不足，支付能力也受到限制。由于人民币有限的需求、有限的使用群体以及有限的流动性，外国居民不愿意将其作为一种交换手段。谁会冒这样的风险去持有这种没有人愿意使用的货币呢？

货币的非国际化给中国带来了一些成本。近年来，中国政府已经意识到这些成本，尤其是与大量的美元储备相关的成本。但最近，这些成本仍然被资本控制和汇率管理带来的利益所抵销，迅速增长的出口和不断扩张的国内投资反过来使中国经济近年来以两位数的比率增长。但是，自全球金融危机和经济增速下降以来，这些政策的负面效应开始显现。当中国的经济进入发展的新阶段时，控制国内流动性和汇率还会发挥作用吗？回答这一问题需要详细考察人民币受限制的可兑换性和有限的国际流通所带来的成本，以及国际流通所带来的收益。我将在第6章和第7章探索中国的人民币战略，并讨论中国政府在计划更加深入和复杂的改革之时，用以缓解当前状况所采取的短期措施。

用美元进行贸易的成本

由于人民币在国际上无法较为便利地使用，美元依然是中国贸易和金融关系的核心，但这产生了巨大的成本。例如，出口商面临着尽量缩小以美元计价和以人民币计价之间差异的挑战，他们用人民币支付本地成本，如工资、租金、贷款利率及水电费等。当本地成本上升（就像他们在前10多年所经历的那样，自2005年以来国内平均通货膨胀率为3.6%，城市工资在2005—2014年翻了3倍[1]）而美元贬值时，收取美元货款的企业需要十分谨慎以避免售价下降。2005年，一家企业通常从价值1美元的出口中得到8.2元，但现在只能得到6.5元。对于中国出口排名前100的企业，2005年的平均出口额为23亿美元，这意味着中国由

1 National Bureau of Statistics of China，“9-1 Price Indices”and“4-11 Average Wage of Employed Persons in Urban Units and Related Indices，”in *China Statistical Yearbook 2015*（Beijing：China Statistics Press，2015），http：//www.stats.gov.cn/tjsj/ndsj/2015/indexeh.htm.

于汇率产生了约40亿元的总体潜在损失。

企业所面临的另一个问题是，债务（如由外国人持有的外商直接投资）以人民币计价，而对国外债权却以主要储备货币计价，尤其是以美元计价。[1]中国人民银行拥有价值约9万亿美元的资产和价值约9万亿美元的负债。当美元相对于人民币走低时，银行面临损失，因为以美元计价的债务上升而债权没有改变。[2]例如，一家美国企业在2005年之前投资了100万美元并兑换为820万元，如果它将人民币换回美元，则仅仅是人民币的升值就能够让其获利20万美元。然而，美国企业获取的利润就是中国的损失。事实上，如果我们利用2005年7月中国外汇储备持有量来计算人民币的价值，那么2014年1月，即人民币升值的顶峰时期，我们理论上的损失可能达到近170亿元。

美元在国际结算中的稀缺性是中国面临的另一个问题。关键国际货币的流动性对于国际贸易的结算至关重要，尤其是对于中国这样的贸易大国来说。在全球金融危机期间，重要国家的中央银行都面临着美元的严重短缺，并采取了史无前例的政策来缓解紧缩。[3]在2008年9月雷

1　国际收支的不平衡在亚洲也十分常见，特别地，参见 Ronald McKinnon and Gunther Schnabl，“The East Asian Dollar Standard，Fear of Floating，and Original Sin，” *Review of Development Economics* 8，no. 3（2004）：331–360.

2　2013年年底数据。Andrew Sheng and Ng Chow Soon，eds，*Shadow Banking in China. An Opportunity for Financial Reform*，Wiley-Fung Global Institute，2016，table 3.16. 2011年，中国的国际投资净头寸为1.7万亿美元，包括4.7万亿美元资产和2.9万亿美元负债，参见Yongding Yu，“The ‘Asset Crisis’ of Emerging Economics，” Project Syndicate，September 30，2011，http：//www.project-syndicate.org/commentary/the—asset-crisis—of-emerging-economies.

3　Patrick McGuire and Goetz von Peter，“The US Dollar Shortage in Global Banking，” *BIS Quarterly Review*，March 2009，47–63，http：//www.bis.org/publ/qtrpdf/r_qt0903f.pdf.

曼兄弟倒闭数月之后，中国贸易相较于去年同期下降了近14%。流动性紧缩反映了中国主要出口市场（尤其是美国和欧洲）需求的下降，但同时也反映了美元的稀缺（由于美国银行系统的瓶颈）在国际贸易中给中国带来的困难。有限的流动性意味着出口商不能便捷地将信用证或银行保函兑换为美元。2009年3月，周小川提出应当打破美元主导的货币体系，并提议建立超主权货币，“由一个全球性机构管理的国际储备货币将使全球流动性的创造和调控成为可能”，[1]这并不令人感到惊奇。或者，在不对国际货币体系进行全面改革的情况下，围绕可以用于国际结算的3~4种关键货币，建成一个多货币的国际货币体系，这会成为降低流动性危机所带来的风险和影响的解决方案吗？

人民币是不成熟的货币

像中国这样出口和外商直接投资都有盈余的国家，可对外投资（借助金融和直接投资）来抵销这些剩余。英国在19世纪便是如此，当时英国的私营企业和国有企业在全球投资英镑。这也曾是德国短暂经历过的情形，德国曾经为欧元区的其他国家（尤其是南部的国家）提供大量借款。经济学家罗纳德·麦金农（Ronald McKinnon）和贡特尔·施纳布尔（Gunther Schnabl）将这些国家称为“成熟的”债权国，因为它们都贷出的是本国货币。当一个成熟的债权国以本国货币计价资本流出并由此导致对外国人的债权时，债务就需要以该货币偿还，债权

1 Zhou Xiaochuan, “Reforming the International Monetary System” (speech), People’s Bank of China, March 23, 2009, http://www.pbc.gov.cn/english/130724/2842945/index.html.

人可以避免汇率风险。[1]

虽然中国拥有大量的贸易盈余，但人民币有限的可兑换性意味着它在中国的国际贷款中也会受到限制，同时中国拥有的外部债权是以美元计价的。在过去数年中，中国一直通过建立国外的美元流动债权（以美元计价的货币或金融资产主要以官方外汇储备的形式存在）来抵销大额的贸易盈余，同时逐步增加流动性低的外商直接投资（如境外投资，用于建设工厂、车间和其他固定设施，但与接受国相关的政府援助项目大部分处于政府控制之下）。开展这种方式的贷款是不成熟债权国的典型特点，中国就是其中之一。

这些贷款模式反映了人民币的内在约束以及自我施加的限制。对资本账户的限制和汇率不匹配风险意味着，只有中央银行能够投资于国外金融资产，承担建立美元债权和持有美国国债的风险。即使中国允许商业银行可以自由对外投资，它们也必须面对以人民币计价的存款基础与以美元或其他外币计价的贷款之间形成的货币不匹配的风险。[2]

不成熟的货币带来了巨大的成本，也带来了巨大的收益。第一，很多拥有不成熟货币的国家，特别是发展中国家，都受到不能以自身货币从国外借款的这种“原罪”的影响。这些国家只能以硬通货（如美元）借款，而潜在的债权人没有准备好接受汇率风险和违约风险（或

1 Ronald McKinnon and Gunther Schnabl, “China’s Exchange Rate and Financial Repression: The Conflicted Emergence of the RMB as an International Currency,” *China & World Economy* 22, no. 3 (May/June 2014): 13, doi: 10.1111/j.1749-124X.2014.12066.x.

2 同上，15。

者，如果它们接受的话，它们往往要求非常高的风险溢价）。[1]拥有完全成熟国际货币的国家则可以以本国的货币进行借款，但不成熟的货币面临着货币不匹配，这种不匹配源于国内货币产生的收益与以国际货币计价的债权所产生的收益之间的差异，如一个国内项目产生以人民币计价的收益，但从国际上获得以美元计价的融资。从贷款成本的角度来看，这为拥有不成熟货币的国家进一步增加了负担，因为如果本国货币贬值，违约风险将上升。

第二，拥有不成熟货币的国家发现，如果它们不能承担国外货币风险，那么分散本国的信贷风险将十分困难，尤其是对于拥有长期负债的养老基金和保险公司而言，问题更大。对于成熟的债权国来说，外国企业和政府可以发行以债权国本国货币计价的证券。这帮助成熟债权国的资金提供者分散了风险。例如，美国养老基金可以决定投资由位于法国的大型制造企业所发行的以美元计价的债权。在这种情形下，投资者在参与外国市场的同时却没有承担汇率风险，因为利息是以美元支付的。

第三，拥有成熟货币的国家，可以通过将对其他国家的官方债权以本国货币计价来降低总风险，但拥有不成熟货币的国家却没有这项选择。当中国在亚洲、非洲和拉丁美洲扩张其援助项目时，就面临着这样的风险，正如我在第2章所讨论的，中国的借款者包括经济和政治状况较差的国家。例如，委内瑞拉虽然拥有丰富的石油储备，但数年来一直为了维持经济运行而挣扎。尽管有较大的风险，中国仍然承诺对委内瑞

1 Barry Eichengreen and Ricardo Hausmann，“Exchange Rates and Financial Fragility，” in *New Challenges for Monetary Policy*，*Symposium 1999*（Kansas City，Mo.：Federal Reserve Bank of Kansas City，1999）：330–331，https：//www.kansascityfed.org/publicat/sympos/1999/s99eich.pdf.

拉提供贷款和资助。2015年1月，习近平在访问委内瑞拉时，同意在自2007年来已接受贷款的基础上，提供一项新的贷款，即以美元计价的50亿美元贷款。[1]但是，长期偏低的石油价格使得中国在汇率风险之外，还暴露于延迟偿还甚至违约的巨大风险之下。以人民币计价的贷款，通过消除汇率风险，将极大地降低中国在委内瑞拉的风险（其他借款者也是如此）。换句话说，中国可能会面临债权国违约的风险，但不会面临以人民币计价的贷款价值下跌的额外风险。

吸收贸易盈余的成本

除了中国不成熟的债权国地位所带来的风险，汇率管理和保持对资本流动控制的政策也存在成本。我曾在第4章讨论过这两项政策是如何联系的：在中国存在贸易盈余的条件下，资本控制对于避免人民币升值是必要的，因为中国经济的强大使得外国居民愿意在中国投资。此外，为了保持汇率与中国领导人设定的经济目标相一致，贸易盈余（值得重复的是，经常账户是完全自由化的，这意味着外汇可以通过进口或出口进入国内市场，并且可以兑换为人民币，反之亦然）需要被吸收。

对外汇市场的干预如何发挥作用呢？中国通过贸易赚取美元，中国人民银行在外汇储备中持有美元，但作为回报支付给出口商的是人民币。这等同于向银行体系注入了大量的人民币流动性，进而刺激了国内需求，并造成了消费价格和资产价格向上的压力（这可能最终导致资产泡沫的诞生，正如我在第3章所讨论的，其原因是中国的资本市场是有

1 Jonathan Kaiman, “China Agrees to Invest $20bn in Venezuela to Help Offset Effects of Oil Price Slump,” *Guardian*, January 8, 2015, http://www.theguardian.com/world/2015/jan/08/china-venezuela-20bn-loans-financing-nicolas-maduro-beijing.

限多元化的市场）。为了避免对价格产生的不利影响和抑制国内的信贷扩张，中国货币当局需要结束或对冲掉多余的流动性，如通过向商业银行出售金融证券（尤其是债权），或者通过提高存款准备金率，或者二者兼有（如果中央银行通过干预来使人民币升值，则利用相反的动态过程）。

多年来，中国货币当局通过干预外汇市场成功地限制了人民币对外实际价值的上限，进而避免了人民币对外实际汇率的过度升值，如果人民币的对外实际汇率过度升值，就会削弱中国的竞争力，降低出口，进而导致经济增长、国内发展以及就业的创造放缓。1999—2005年，中国人民银行几乎购买了所有国外输入的货币，进行投资，并通过发行本币票据来使这些资金（主要是美元）退出流通以对冲输入的货币，减少这些货币对国内市场的影响。中国近90%的储备来自外汇市场干预和对冲的共同过程。

然而，对冲带来了巨大的成本。首先，对冲并不只是对特定对象产生影响。对冲措施倾向于影响整个经济领域而不仅仅是现金充裕的领域，如从强劲的出口中获利的制造业。因此，它们等同于紧缩的货币政策，并使得借款由于利率上升而更加昂贵，同时倾向于减缓经济增长。

与此相关的问题是，由于国内利率和以美元计价资产的利率之间存在差异（我将在下文进行进一步讨论），货币当局可能不愿意提高利率并进一步扩大利差，即使经济过热和通货膨胀的压力使得这样的措施十分适合。[1]

1 David Cook and James Yetman，“Expanding Central Bank Balance Sheets in Emerging Asia：A Compendium of Risks and Some Evidence，” in *Are Central Bank Balance Sheets in Asia Too Large？*，Paper 66（Basel：Bank for International Settlements，October 2012）：30–75.

相关货币政策的收紧吸引了国外资本的流入，因而对冲也导致了外汇储备的增加。对于中国来说，中国人民银行多年来一直在吸收国外资本的流入，中国的官方储备相较于经济增长非常迅速。中国的官方储备从2010年1月的2.4万亿美元增加到2014年9月的4万亿美元，目前约为3.6万亿美元。这远远超过日本（约1.3万亿美元）、瑞士（约6 500亿美元）和沙特阿拉伯（约6 000亿美元），日本、瑞士和沙特阿拉伯是外汇储备排名第二、第三和第四的国家。

持有外汇储备本身不存在本质上的错误，拥有有限资本市场的国家（通常是发展中国家）将外汇储备的积累作为应对进口支付的手段，以预防国际货币的突然枯竭，或防范货币危机。外汇储备也可以用于稳定汇率。这就是中国人民银行在2015年8月和2016年1月的选择，以避免人民币对美元的快速贬值；结果，官方储备的持有量比2014年9月巅峰时期缩小了7 000亿美元。在其他例子中，比如泰国在1997年的亚洲金融危机中却干预得不太成功。事实上，当泰铢在1997年春遭受大规模投机冲击时，超过90%的泰国外汇储备用于维护泰铢的价格，然而没有发挥作用。泰铢的价格下跌了50%，而泰国最终不得不在1997年7月变为浮动汇率制度。[1]

虽然存在持有大量储备且抵御了持续的投机冲击的先例，但目前中国官方外汇储备的积累已经远远超过了出于防御目的所必要的水平。中央银行普遍使用的基准是，一国持有的储备与该国的未偿还短期负债

1 俄罗斯是另一个货币当局利用市场干预作为一种控制资本流动和维持稳定的手段的国家。例如，2012年12月，俄罗斯大量的贸易盈余和资本流入迫使其中央银行购买了4 760亿美元的储备。这远远超过了俄罗斯的官方储备，在全球也是一笔很大的资金。同时，这不是一个独立的事件。数年后的2008年，俄罗斯中央银行花费了所持有官方储备的三分之一来遏制卢布的贬值。当时，俄罗斯的官方储备总额为6 000亿美元，是全球第三大官方储备。

相当。2016年年初，中国的未偿还短期负债总额为5 000亿美元。按照这一标准，中国的外汇储备远远超过了实际水平，比正常水平高7倍。另一种估算方式认为，一国应当持有与3~4个月进口等值的官方外汇储备，这一数量被认为足以预防流动性的突然下降。在中国，这一数量约为6 000亿美元。再一次强调，目前中国的官方外汇储备太高。

不必要的高外汇储备与对冲政策一起，将扭曲整个经济。例如，如果商业银行被要求提高准备金率并购买对冲票据，它们可能需要减少可用于贷款的资金数量。同时，长期对经济增长发挥关键作用的投资可能被挤出。

中国的美元陷阱

目前，持有过多外汇储备被认为是预防性动机的必要选择，这表明，中国到达了一个货币制度无效并且货币制度正在成为一种资源浪费的临界点。中国比较有影响力的经济学家余永定指出，这种储备积累（尤其是美元的过度储备）对中国有着严重的负面影响，因为这增加了中国已经大量持有的美元储备，引发了国内金融部门的投机和潜在的不稳定，同时挤占了生产性投资中的资本。

2015年9月，中国与国际货币基金组织达成一致，准备开始公开其储备的构成，在此之前，这一信息被视为国家机密。我们有理由相信，根据中国的贸易构成，中国大部分持有的是美元和以美元计价的票据。[1]

1 2015年9月，中国与国际货币基金组织达成一致意见，同意公布部分的外汇储备构成。未来几年，中国将报告持有的官方储备。Ian Talley and Lingling Wei，"China Begins Disclosing Reserves to IMF，" *Wall Street Journal*，September 30，2015，http：//www.wsj.com/articles/china-begins-disclosing-reserves-to-imf-1443624985.

在持有大量美元储备所产生的一系列成本中，由汇率升值导致的潜在损失是其中之一。全球金融危机后的数年中，由疲软的美元（或强劲的人民币）所导致的损失越来越明显。2010年12月，在人民币升值10%的情况下，国际清算银行估计中国官方储备的潜在损失约为1.8万亿美元，那时中国的外汇储备仅为2.7万亿美元。[1]这意味着，如果人民币继续走高，中国的美元储备价值将继续减少，即中国的"国民财富"将减少。当然，货币的价值有涨有跌，而事实上，自2014年年底开始，人民币的价值从2010—2014年的强劲升值转而进入了下降通道。庞大的外汇储备往往会放大这些波动和汇率风险。

同时，持有大量的美元和美元资产也存在较大的机会成本，尤其是在2008年之后，美国和中国的货币政策方向截然相反。美国需要低利率来刺激本国经济的增长，而中国却需要更加紧缩性的货币政策以抑制通货膨胀和冷却部分市场（尤其是房地产市场）中存在的过度需求。结果，中国外汇储备中所持有的美国国债收益率突然低于国内市场的债券所能提供的收益率。最终，中国人民银行为发行用于吸收美元流入的债券所支付的金额高于其从美元资产中获得的收益。例如，2010年，中国在对冲过程中的损失估计为400亿美元。[2]相比之下，在金融危机之前，中国每年在对冲过程中会获得600亿美元的利润，当时，利差以有利于中国的方式发挥着作用。2014年8月，一年期美国国债几乎成为零收益的投资，收益率仅为0.11%。同时，中国人民银行所发行的一年期票据收益率则为3.7%。另一方面，美国从海外投资中获得的收益高于

1 Cook and Yetman, "Expanding Central Bank Balance Sheets," 30–75.

2 James Mackintosh, "Deep Pockets Support China's Forex Politics," *Financial Times*, September 27, 2010, http: //www.ft.com/cms/s/0/19f52ea0-ca7b-11df-a860-00144feab49a.html.

其支付给持有美元投资的外国投资者的收益。例如，2011年，美国向外国投资者支付了约5 000亿美元的利息及红利，这少于美国投资者从持有海外资产中所获得的7 400亿美元。[1]

过多持有美元存在问题，不仅是因为中国的美元资产正在遭受损失，也是因为持有美元等同于对美国进行补贴。在新兴和发展中国家，中国是在外汇储备中过度积累美元和本国发展需求之间感受最为紧张和矛盾的。虽然中国近年来发展较快，但中国是一个拥有近14亿人口的国家，其总人口的11%左右仍属于贫困人口，他们每天的生活水平不足1.9美元（世界银行所规定的贫困线），并且农村地区对基础设施有着迫切的需求。[2]

中国的领导人多次承认，他们需要减缓美元的积累并更科学地、更有效率地投资和分配。2009年，温家宝表达了他对中国持有的美元债务的担心。2011年，周小川发表了对中国外汇储备过度积累的担忧，并将其描述为超过了“合理”的水平。他认为，过度的储备应当被更加专业地管理，并建议外汇储备的持有应当多元化。中国政府采取了行动（官方信息不可得，但至少根据媒体信息是这样），中国在2009年卖出了价值340亿美元的美国政府债券。随后，2011年8月，美国长期主权贷款被调低评级，中国卖出了价值约365亿美元的债券。这使得中国外

---

1 “U.S. International Transactions Accounts Data 2012，” U.S. Bureau of Economic Analysis，December 2012，http：//www.bea.gov/international/index.htm.

2 基于2010年贫困人口普查计算的数据为每天1.9美元（2011年的购买力平价）。世界银行在2015年10月1日将贫困线的门限值调整为每天1.9美元，但中国可获得的贫困人口普查数据只截至2010年。“World DataBank: World Development Indicators,” World Bank, accessed November 24, 2015, http://databank.worldbank.org/data/.

汇储备中持有的美国债券总量降低至11.37亿美元。[1]然而，2012—2014年，随着中国货币当局继续积极管理汇率并需要利用美元进行干预，美元积累的速度更快。自2015年年初起，政府采取了相反的行动，采取了以支持汇率为目的的干预措施。最终，中国的美元储备一直在缩水。

机遇的挑战

总之，中国因为拥有非国际化货币而产生了巨大的成本，其中包括机会成本、交易成本和风险对冲成本。机会成本是指个人和企业在国际贸易中使用本国货币而放弃收益的成本；交易成本是指企业进行外汇支付操作时产生的成本；风险对冲成本是指为了对冲本国居民在境外贸易和金融交易中所面临的汇率风险而产生的成本。从宏观的角度来讲，使用非国际化货币可能导致中国面临流动性短缺的风险，并处于不成熟债权国的不利地位。相关的对冲干预政策将导致过度的储备（尤其是美元储备），同时带来其他的成本与风险。

如果中国能够在国际贸易中普遍地使用人民币，那么这些成本将会降低。此外，中国将获得铸币税——货币价值与生产货币成本之间的差额（例如，如果生产1美元纸币的成本是10美分，则铸币税为90美分）。

同时，全世界都将增加持有人民币的数量。拓展人民币的国际贸易支付手段用途，有利于降低人民币在全球经济中的流动性短缺风险（以及与之相关的对国际贸易的负面影响），同时减轻其他国家中央银

---

1 Michael Mackenzie, "China Sells US Treasury Debt Amid Strong Haven Demand," *Financial Times*, October 18, 2011, http: //www.ft.com/cms/s/0/b1d54b0e-f98e-11e0-bf8f-00144feab49a.html#axzz2QdBU08Iv.

行为全球金融市场提供流动性的负担。

但是，想要发展人民币更大的国际用途，行动比口号更重要。即使中国引入政策来使其货币更加具有吸引力并向全球范围内的使用开放，但是货币定价的选择最终是每一个出口商或进口商共同决定的微观价格，取决于企业的成本结构。对于出口商而言，如果其成本主要构成是劳动力和原材料，并且主要来自国内，那么它最好以本国货币进行计价和支付——使用成本的计价货币。这使得企业减少甚至消除了货币不匹配和汇率风险。另一方面，如果企业将大部分生产配置在境外，并且需要进口原材料，那么它最好以美元进行计价和支付，以获得外汇，这些外汇可以用于支付进口和避免货币不匹配。中国企业习惯用美元进行交易，而在国家贸易中以美元进行计价和结算是普遍的做法。国外购买者也希望用美元支付从中国进口的商品，因为美元在国际市场中具有更好的流动性、更低的交易成本和更低的汇率风险。

这些交易习惯和网络外部性可以使企业避免将其使用的货币兑换为计价和结算的货币。交易习惯更加容易根深蒂固，产生惰性，从而保持现状。因此，很多国家都宁愿承担较高的交易成本，而不愿将它们在国家贸易中使用的货币变成本国货币。一家决定改变计价模式的企业可能面临与贸易伙伴和竞争者不同步的风险。由于外国人多年来一直在使用美元，他们现在不愿意改变。

当然，对人民币资金流入和流出中国的流动限制，使得外国企业更加不愿意改变它们的交易习惯。中国企业也使用美元来进口，特别是能源进口。在大宗商品市场，石油和采矿企业几乎无法避免与其贸易伙伴用美元进行结算，同样的情况也存在于农产品市场。中国的大型企业也需要用美元进行境外兼并和收购，如宝钢和中国粮油食品进出口公司。

此外，家庭和个人也愿意持有美元，用于境外旅游、支付子女境外教育费用、购买境外奢侈品和其他在国内不容易获得（或价格昂贵）的商品。同时，中国的富人也需要美元购买境外的房地产，并将此作为获得永久居住权和外国护照的快速通道。美元在不同类型生活的选择中扮演着重要角色。

在货币转换的惰性、网络外部性和其他约束存在的条件下，除非能带来重大的价值，否则货币转换就不会发生。消费和购买量要足够大才能为企业转而使用本国货币提供合理的理由。因此，想要扩大货币的国际用途，提高本国货币的可接受性，同时提高本国货币在全球贸易中所占份额的国家，需要创造足够多的经济活动来创造足够大的数量并引领生产，至少在国际化过程的初期是这样。从这种意义上来讲，中国是有优势的，因为中国已经成为世界第二大经济体——排名取决于所衡量的标准。[1]

即使是这样，改变居民的交易习惯也是非常困难的。日本就是典型的范例，数年前日本曾是世界第二大经济体和第二大出口国。20世纪70年代末和20世纪80年代初，由于成功的出口导向战略，日本就像现在的中国，经历着经济的快速增长，发展成为美国经济主导地位的潜在对手。当日本企业开始扩大其国际影响并出口汽车、电脑、电视、视频和磁带播放器（记住，此时是20世纪80年代！）时，它们开始在国际贸易中用日元代替美元。日元在国际贸易中用于计价和结算，比例

1　2014年，中国的GDP以当前的美元汇率计算约为10.4万亿美元，仅次于美国的17.4万亿美元。但是，考虑购买力平价的中国GDP为18万亿美元。"World DataBank：World Development Indicators，" World Bank，accessed November 24，2015，http：//databank.worldbank.org/data/.

从20世纪70年代的2%增加到20世纪80年代的30%。[1]然而，这一份额在随后的30年中几乎没有变化，目前日元在其出口中的使用比例低于40%，而在其进口中的使用比例略高于20%。[2]惰性、网络外部性和日本经济的萎靡导致日元的使用进入了稳定状态。

中国的政策制定者注意到，人民币正面临着拥有强大的政治领导的机遇，也面临着克服惰性和交易习惯的艰难挑战。他们意识到有必要利用国际货币的一些优势，制定一个政策框架来克服困难，增加人民币在国际中的使用。这个框架不只是着眼于降低中国企业、商家和个人的成本，而且政府也必须从使用和储备美元转变为使用和储备人民币。非国际化货币的重大影响延伸且隐含了中国的国际地位："强大的国家拥有强大的货币。"为此，中国制定了创造国际货币的战略，这也是我将在下一章讨论的内容。

---

1 但这仅用于结算1980年2.4%的进口，是一项不太重要的数据。"Relative Economic Size and Relative Use of Currencies," Ministry of Finance Japan，accessed on November 24，2015，http：//www.mof.go.jp/english /about_mof/councils/customs_foreign_exchange/e1b064c2.htm.

2 更准确的数据是，38 %的出口和 22 %的进口都使用日元进行结算。Takatoshi Ito，Satoshi Koibuchi，Kiyotaka Sato，and Junko Shimizu，"Why Has the Yen Failed to Become a Dominant Invoicing Currency in Asia？ A Firm-Level Analysis of Japanese Exporters' Invoicing Behavior"（Working Paper 16231，National Bureau of Economic Research，Cambridge，Mass.，July 2010），7，doi：10.3386/w16231.

6

创造国际国币

2009年6月，周小川和巴西中央银行行长恩里克·梅雷莱斯（Henrique Meirelles）在瑞士巴塞尔举行的国际清算银行年会上会面。他们都认为自己的国家太依赖美元，并希望就各自的货币（人民币和雷亚尔）在双边贸易中的使用进行讨论。这是2009年4月召开的伦敦G20峰会的后续，此次会议期间，胡锦涛与巴西总统路易斯·伊纳西奥·卢拉·达席尔瓦（Luiz Inacio Lula da Silva）探讨了巴西使用雷亚尔支付中国商品以及中国使用人民币支付巴西商品的提议。[1]在巴塞尔会议上，周小川和梅雷莱斯一致赞同“中国和巴西可以达成货币协定以允许出口商和进口商用本地货币进行贸易结算，从而避免使用美元”。[2]

这并不是非常新颖的想法——关于取代美元成为国际关键货币的讨论自1971年布雷顿森林体系崩溃后一直在重复，但是目前进行讨论正是时候。在全球金融危机爆发后，政策制定者和专家们都在积极思考国际货币体系的未来以及该体系对美元的过度依赖。此外，中国和巴西之间的贸易和金融联系非常密切（两国之间的双边贸易额达430亿美元）并进一步深化。然而，真正采取行动是在2012年6月，中国

1 Jonathan Wheatley, “Brazil and China Eye Plan to Axe Dollar,” *Financial Times*, May 18, 2009, http://www.ft.com/cms/s/0/996b1af8-43ce-11de-a9be-00144feabdc0.html.

2 “UPDATE 1-BIS-China, Brazil Working on Trade FX Deal-Cenbanks,” Reuters, June 28, 2009, http://www.reuters.com/article/2009/06/28/bis-trade-idUSLS14673020090628.

和巴西同意达成600亿雷亚尔和1 900亿元的货币互换协议。这项协议签署于2013年3月，巴西财政部部长吉多·曼特加解释道，“不会因此导致贸易的中断。”[1]现在，贸易额相较于2009年已经翻倍，增长到近900亿美元，同时中国超越美国，成为巴西主要的贸易伙伴。

非国际化货币和过度依赖美元存在缺陷，该协议的签订就是中国重视这些问题的证据。自2009年起，中国货币当局开始在国际市场创造有利地位以便设计一种制度，为国内企业与境外交易对手的结算提供便利。这项政策实验与推动人民币的国际用途和可接受程度相关，同时也限制了资金流入和流出中国，以控制对国内金融部门遭受外部冲击的风险。然而，如果继续实施这项政策，货币当局则面临着具有挑战性的障碍：如果继续管理资金在本国的流入和流出，他们如何能够保证国际市场中有足够多的人民币，从而鼓励境外投资者以贸易和投资为目的持有人民币呢？

本章中，我将考察一种复杂的政策框架，在这一框架中，中国政府在受到约束的情况下，集中多项政策来发展与其经济影响力相匹配的货币，尽管这种货币只能部分地匹配中国的经济影响力。我将它称为人民币战略，这并不是中国官方或政府文件中所使用的表述。中国政府关注并担心资本自由流动，这些担心限制了资本市场的自由化以及人民币的市场化。因此，发展人民币国际用途的唯一途径是通过旨在鼓励市场需求的政策措施来实现。的确，这项战略是一场实验，实验中各种政策会逐步实施并在下一步实施前接受检验。正如邓小平所说，这就像“摸着石头过河”。为了理解发展国际货币是中国所面临的挑战，我们可以借鉴日本的经验，这个国家也曾在美元主导的体系下推动货币的国

1 BBC News，“China and Brazil Sign $30bn Currency Swap Agreement，” March 27，2013，http：//www.bbc.co.uk/news/business-21949615.

际化。

日元的国际化

日本和日元的案例较好地解释了发展国际货币内在的困难。20世纪70年代，日本的金融体系与现在中国的金融体系十分相似。日本的金融体系通过控制信贷和利率实行严格的监管，而利率太低无法让市场正常运行和吸引足够的货币供给（存款）来满足现有的需求。为了使私营企业的投资需求和公共部门基础设施的重建能够获得低利率的资金支持，金融体系被严重分割开来，旨在鼓励个人储蓄。

和中国一样，金融抑制是日本发展模式的一部分。例如，对本国居民持有外币存款有所限制。日本货币当局采取了这些限制措施并进一步让日本的金融企业（包括银行、证券公司、投资信托公司和保险公司）不要增加其海外投资，以控制资本流动的风险。[1]日元在极小的范围内浮动（以1美元兑265日元为中心），并且不是一种特别有吸引力的货币。如果投资者和储蓄者可以选择的话，他们中的很多人可能会将资金移至海外。

这期间，伴随着布雷顿森林体系的崩溃以及针对国际货币体系改革的对话，对日元国际地位的讨论随之展开。在1973年和1979年的两次石油危机后，石油出口国积累了大量的石油美元，而国际金融市场正在开启金融自由化之路。欧洲市场扩张，国际货币以更大的规模和更

---

1 Mitsuhiro Fukao，“Capital Account Liberalisation：The Japanese Experience and Implications for China，” in *China's Capital Account Liberalisation*：*International Perspective*，Paper 15（Basel：Bank for International Settlements，April 2003），47，http：//www.bis.org/publ/bppdf/bispap15h.pdf.

快的速度流动。就像2008年之后的中国，日本从石油危机中脱颖而出，成为有潜力在全球经济中发挥更大作用的更强的经济体，而美国的全球经济地位正在下降，同时国际上对美元的信心也有所丧失。更强的日本经济和更弱的美国经济这一组合激发了对日元国际地位兴趣的不断增长。1980年12月，一项被彻底修订的外汇和对外贸易管理法案开始在日本生效，这是从政策层面推动日本通过贸易和融资融入世界经济迈出的第一步。1983年10月，日本财政部部长将“日元的国家化与金融和资本市场的自由化”作为日本的主要目标。[1]

1983年11月，恰逢美国总统罗纳德·里根（Ronald Reagan）访问日本，日元—美元委员会、外汇和贸易委员会成立，并最终达成了如何实现这些目标的协定。事实上，由于大额的双边贸易经常账户失衡和美国国会发起的“还击”日本运动，美国政府对日本施加了强大的压力。美国的经济学家和政治家们都认为，金融部门的自由化和日元的国际化可以帮助日本恢复经济平衡。

具体的措施包括：降低国外金融机构进入的门槛；[2]金融自由化，尤其是持续的利率自由化与进一步开放和扩张短期资本市场；欧元—日元市场的自由化，这让更多非本国居民更加便利地持有日元的第一步；建立离岸市场，为东京的欧元—日元交易提供便利。这项金融自由化运动在20世纪80年代后半期至20世纪90年代一直稳定地发展。管制逐步放松并最终废除，利率也逐渐市场化，1986年12月，东京离岸市场正式成立。日本货币政策当局遵循着计划中的传统路线，通过

1 Ministry of Finance Japan，“Chronology of the internationalization of the Yen,”http：//www.mof.go.jp/english/about_mof/councils/customs_foreign_exchange/e1b064c1.htm.

2 推动日元国家化的具体方式和措施在《关于金融自由化、日元国际化的现状和展望》报告中有所强调，该报告设定了推动日元国际用途的政策框架。

金融部门的自由化和资本账户的开放实现日元的国际化。另外，经常账户的可兑换性在20世纪60年代中期已经基本实现，此时日本经济开始大规模扩张。这一模式与中国目前所采用的模式十分相似，中国在加入世界贸易组织时已经完全开放了经常账户，目前正在逐步开放资本账户。20世纪80年代中期，日本的金融部门和资本市场相较于目前的中国要开放得多，[1]20世纪90年代，日本的金融部门和资本市场大部分实现了自由化。

自由的资本账户流动吸引了国外的银行和证券公司进入日本，与此同时，日本的银行和证券公司也在进行海外扩张。它们在主要的金融中心设立分支机构，并购已有的外国银行，同时参与新业务，如承销欧洲日元债券。1990年，按总资产规模计算全球最大的五家银行都是日本的银行（现在，全球最大的前几家银行都是中国的银行）。投资企业也在扩展海外活动，尤其是参与美国的国债市场，20世纪80年代末期，日本购买了每一次新发行国债的25%~30%。同年，日本证券市场的交易量也有所增加。当时，世界四大证券公司也均为日本所属，即野村证券（Nomura）、大和证券（Daiwa）、日兴证券（Nikko）和山一证券（Yamaichi）。1986年，世界最大的证券公司野村证券，净资产超过100亿美元，是伦敦证券交易所的第一个日本会员。1990年，日本紧随

1 Masahiro Kawai，“Renminbi（RMB）Internationalization：Japan and China”（seminar presentation at Renminbi Internationalization：Japan and the People’s Republic of China，Beijing，May 21，2012），http：//www.adbi.org/conf-seminarpapers/2012/05/29/5072.renminbi.internationalization.japan.prc/.

美国，成为世界第二大经济体[1]，占全球GDP的10%和全球贸易总量的7%。[2]

随后，20世纪90年代初期，日本经历了由长期滞胀和通货紧缩导致的银行危机。日本经济的痼疾削减了外国投资者的信心，并阻碍了日元的国际化进程。日本货币在全球外汇储备中的份额从1995年12月的约7%下降到2015年12月的4%，与此同时，日元在国际贸易结算中的使用比例从20%跌落到5%。[3]银行危机和"失去的十年"造成了严重的后果，日本经济开始衰落。日本占全球GDP的比例刚刚达到6%，[4]占全球贸易总量的比例仅为4%。

经验教训与人民币战略

我们可以从日元的国际化进程中吸取一些经验教训。第一，经济基础是支持货币国际化的关键。经济基础包括规模足够大的经济和贸易，具有适度流动性的外汇市场，开放、有深度和多元化的金融部门，

1 1990年，欧盟（European Union）的经济总量仅次于美国，以前被称为欧洲共同体（European Community），当时其经济一体化的程度不及今天，也没有货币联盟或统一的货币。由于仅拥有12个成员国，规模也非常小。而现在，欧盟拥有28个成员国。

2 OECD, OECD Economic Outlook, vol. 2014/2(Paris：OECD Publishing, 2014[revised 2015])，doi：10.1787/eco-outlook-v2014-2-en.

3 IMF COFER. See also Paola Subacchi，"Expanding Beyond Borders：The Yen and the Yuan"(Working Paper 450，Asian Development Bank Institute，Tokyo，December 2013)，16，https：//openaccess.adb.org/bitstream/handle/11540/1203/2013.12.03.wp450.expanding. beyond.borders.yen.yuan.pdf ? sequence=1.

4 IMF，World Economic Outlook April 2016，http：//www.imf.org/external/pubs/ft/weo/2016/01/pdf/text.pdf

值得信任的机构，以及法律规章制度。[1]一个国家的贸易量可以推动本国货币在国际中的使用，创造交易并帮助克服惰性，因此规模和范围都十分重要。但是，正如日本的经验所示，这些条件本身不足以推动一种货币在国际中的使用。虽然日本在1990年已经成为世界第二大经济体，但全球贸易中仅有5%的交易是以日元计价的，[2]部分原因是因为国际大宗商品和原材料的交易仍然是以美元计价的。

第二，开放资本账户十分必要，但并不是拓展货币国际用途的充分条件。就其自身而言，这不足以为货币创造一个有深度且运行良好的市场。支持和鼓励货币国际化的政策也同样重要，至少这些政策不能阻碍货币国际化。虽然日本货币当局在经济繁荣时期推出了鼓励资本账户自由化的政策，但由于他们担心强劲的日元会对日本出口依赖型经济造成影响，仍然对向其他国家开放保持些许犹豫的态度。[3]日元的国际化是资本账户开放的一种“自然的”结果，这一理念影响了他们的方式，因此日本采取了一种相对被动的立场，而不是通过主动推行进一步的政

1 Robert Mundell, “The Case for a Managed International Gold Standard,” in *The International Monetary System: Choices for the Future*, ed. Michael Connolly (New York: Praeger, 1983), 1–19; Alexander Swoboda, “Financial Integration and International Monetary Arrangements,” in *The Evolution of the International Monetary System*,” ed. Yoshio Suzuki, Jun’ichi Miyake, and Mitsuaki Okabe (Tokyo: University of Tokyo Press, 1990); George S. Tavlas and Yuzuru Ozeki, *The Internationalization of Currencies: An Appraisal of the Japanese Yen*, Occasional Paper 90 (Washington, D.C.: International Monetary Fund, 1992).

2 1992年数据。

3 C. Randall Henning, *Currency and Politics in the United States, Germany, and Japan* (Washington, D.C.: Institute for International Economics, 1994); William W. Grimes, “Internationalization of the Yen and the New Politics of Monetary Insulation,” in *Monetary Orders: Ambiguous Economics, Ubiquitous Politics*, ed.Jonathan Kirshner (Ithaca, N.Y.: Cornell University Press, 2003).

策来推动和加速日元的国际化。

第三，作为一个支持货币国家化的国家，拥有发展完善的国际金融中心非常重要，这里应当具备优质的金融基础设施（包括支付系统、清算中心等）以及流动性良好的资本市场。这一点在英国非常明显，国际贸易与金融使伦敦发展成为金融中心。例如，伦敦承兑汇票的交易量从1875年的5 000万英镑（或6 000万英镑）增长到1913年的14 000万英镑左右。同时，所有以英镑计价的业务（从债务证券到贸易基金和储蓄账户）都获得了发展。英国企业的国外供应商在伦敦开立并持有储蓄账户，而以英镑结算的交易收入在短期内持有十分安全。这个稳健而多元化的金融系统是英镑主导地位的主要驱动力。

第四，地区环境在提供货币交易时也十分重要，例如，19世纪的英国便只如此，法国和德国在经济规模和发展方面也与英国相似。然而，20世纪80年代的日本却并非如此。那时，日本是亚洲唯一的经济发达国家，因此它大部分是与发达国家（尤其是美国）建立贸易和金融联系。日本与其邻国之间巨大的经济差距限制了区域一体化进程，并阻碍了在区域内部推广日元使用的可行性。[1]因此，日元最终只能在更广阔的环境中发展成为国际化货币，而日本的贸易伙伴事实上属于美元区域。网络外部性、惰性以及由此产生的贸易成本，阻碍了企业及其他市场参与者使用日元。最后，日元并没有像众人所期望的那样，成为一种被广泛使用的国际货币（如美元）。

即使现在中国所面临的区域环境不同于20世纪80年代的日本，中

---

1 Paola Subacchi，“Expanding Beyond Borders：The Yen and the Yuan”（Working Paper 450，Asian Development Bank Institute，Tokyo，December 2013），16，https：//openaccess.adb.org/bitstream/handle/11540/1203/2013.12.03.wp450.expanding.beyond.borders.yen.yuan.pdf？sequence=1.

国学者[1]仍然将日本的经历作为与中国货币国际化相关的经验教训，尤其是关于货币当局不应该做的事情。在1985年的广场协议中，G5国家（法国、德国、英国、美国和日本）的政府同意美元对日元和德国马克贬值，这被视为日本的转折点。美国政府向日本施压，要求其汇率升值，日本从此开启了利用不合理的低利率来平衡货币价值的道路。这导致了日本过度负债，并最终引起银行崩溃，这些又反过来导致了长期滞胀。日元于1995年停止升值，此时美国政府宣布了“美元强权”政策。[2]中国的评论家和学者认为，广场协议后日元的急剧升值是日本对国际政策合作的妥协，这些都是对美国有利的。这损害了日本出口依赖型的经

1 Yong Wang, “Seeking a Balanced Approach on the Global Economic Rebalancing: China’s Answers to International Policy Cooperation,” *Oxford Review of Economic Policy* 28, no. 3 (2012): 569–586; Bin Xia and Dennis Chen, 从“广场协议”看日元升值的教训及启示 (Implications from the yen’s appreciation and lessons from Plaza Accord) [内蒙古金融研究 (Inner Mongolia Financial Research), 2010]; J. Yin, 日元国际化模式的教训及启示 (Lessons from the internationalization of the Japanese yen) [求知 (Seeking Knowledge), 2012]; J. Wei, 日本的教训：日元升值与泡沫经济 (Lessons from Japan: On yen’s appreciation and its bubble economy) [西安金融 (Xi’an Finance), 2006), http://d.wanfangdata.com.cn/periodical_xajr200601001.aspx.

2 1995年夏，美联储和日本银行（日本的中央银行）数次联合干预市场，卖出日元以削弱日元。

济，并将其拖入了重度的衰退，也就是前文所提到的“失去的十年”。[1]

这种观点通常带有偏见，而且并非完全基于事实。然而，这反映出围绕中国货币发展的担忧。这些的确是中国货币当局所面临的挑战。但是，正如日本的案例所揭示的，在中国已经高度融入的区域内推行人民币国际化似乎是一种正确的战略，因为它将货币国际化的整个过程置于阻碍最小的路径上。目前，中国尚未达到可以开放资本账户的状态，让市场推动人民币的国际化吧！但是，这个过程还需要更多的政策行动。

“摸着石头过河”

人民币战略的主要目标是发展人民币的国际用途，并避开或修正人民币流通目前受到的限制。这是一种供给侧战略，主要的思路在于，使相关的基础设施准备充分，为人民币的发展提供市场，进而推动需求，同时需求的增长反过来推动市场的扩张。

因此，中国人民币战略的成败取决于设计良好的政策与市场力量的共同作用。中国政府正在通过部分实践审慎地、循序渐进地发展这一战略，并且将持续推进。中国的改革并不是发生在朝夕之间，而是沿着稳定而渐进的路径展开，就像邓小平所描述的“摸着石头过河”。人民

1 Y. Yu and J. Wei，“如何稳定人民币：与经济学家讨论中国的货币政策”（How should we stabilize the RMB：To discuss the PRC's monetary policies with economists）， 金融时报（*Financial Times*），September 5，2003；X. Zhao，“访问张燕生：全球化与通膨胀”（Interview with Zhang Yansheng：Globalization and Inflation），中国金融（*Journal of China Finance*，no. 12）（2008）；Z. Yu，“汇率改革必须维护货币主权”（Reforms of foreign exchange rate must safeguard currency sovereignty），红旗文稿（Red Flag Working Paper 11）（2010）；Wei，日本的教训（Lessons from Japan）.

币国际化的方式也是如此。中国政府希望通过逐步推进的过程，为政策实施预留足够的空间，并努力避免经济发展的意外中断。这样，政策通常在严格的条件下逐步被实施和检验。如果政策有效，就在全国范围内生效。

虽然中国政府保持了低调的方式，并且不希望过多强调这项政策，但中国媒体对此十分欢迎。2009年7月，中国提出首个重要的人民币政策——跨境贸易人民币结算试点，随后我将对此进行详细讨论。新华社评论道："这一新服务必将有助于国际贸易的升温，进一步推动人民币在全球范围内使用，并缓解全球对美元的过度依赖。"[1]但是，在2010年6月这项政策开始实施时，无论是结算试点的推行还是让人民币钉住一篮子货币（参见第4章）的汇率改革，都几乎没有受到国际上外国媒体的关注。

缺乏关注度正合中国政府之意，他们不希望这项政策引起过多关注。事实上，在官方发言和文件中几乎没有关于人民币国际化的内容。中国人民银行和其他机构从未发布过任何正式文件来说明其货币计划，或是定义和解释人民币国际化的概念和目标。在2014年6月举行的中英金融论坛（UK-China Financial Forum）上，中国高级官员强调，人民币国际化对中国人而言是一件非常低调的事件，并使用了一个更狭义的名称："在中国，我们称之为人民币跨境使用。"[2]在2016年

1 Yunwei Fu and Minmin Jin, "New Analysis: Cross-Border RMB Trade Settlement Marks Key Step for Yuan to Become World Currency," CRIENGLISH, July 7, 2009, http://english.cri.cn/6909/2009/07/07/2041s499305.htm.

2 该论坛是根据"查塔姆规则"举行的："当根据'查塔姆规则'举行会议或部分会议时，与会者可以自由使用所获得的信息，但不能透露发言人及其他与会者的身份和所在机构。" Accessed November 24, 2015, https://www.chathamhouse.org/about/chatham-house-rule.

的博鳌论坛（Boao Forum）上，周小川谨慎地避免使用“人民币国际化”（renminbi internationalization）这一表述。相反，在10分钟的主题演讲中，他6次使用了“人民币跨境使用”这一表达。[1]我个人也在一场2010年年底的中国人民银行会议中感受了中国政府审慎的态度。我发表了一篇关于中国的人民币国际化的文章，[2]而我在和政府官员的讨论过程中使用这一表达时，他们礼貌地纠正我并解释道，在人民币战略中没有这样的内容。

中国政府对人民币战略的沉默并不令人感到意外。他们已经着手实施一项复杂的计划，这需要他们通过一系列渐进的步骤进行长远规划，需要他们对市场的反映进行预期，并决定如何回应，需要他们预见国际国内的短期效应和长期效应。他们甚至在必要时需要原路退回到上一步的政治勇气。因此，“摸着石头过河”是对这一过程的最佳写照。

中国的人民币战略沿着两条路线展开：第一条是通过跨境贸易结算试点来促进人民币在国际贸易中的使用，对此我将在下一章中进行讨论；第二条是建立离岸市场，将人民币发展成外国人愿意作为价值贮藏手段来持有的货币。

---

1 “Speech by Governor Zhou at Hong Kong Session of Boao Forum,” People’s Bank of China, April 29, 2014, http://webcache.googleusercontent.com/search?q=cache:4bWzVkSaApYJ:www.pbc.gov.cn/english/130721/2806467/index.html&hl=en&gl=uk&strip=1&vwsrc=0.

2 Paola Subacchi, *One Currency*, *Two Systems*: *China’s Renminbi Strategy* (London: Chatham House, October 2010), https://www.chathamhouse.org/publications/papers/view/109498.

跨境贸易结算试点计划

2009年4月，中华人民共和国国务院常务会议（相当于美国的内阁会议或英国的内阁办公室会议）宣布了一项试点计划，允许人民币在国际贸易中用于标价、计价和结算，中国国际化货币的“长征”悄无声息地开始了。这项计划旨在“繁荣中国与其他贸易伙伴之间的贸易，改善贸易条件，缓解自金融危机以来受到严重抑制的流动性，降低外汇波动风险并保持贸易部门的高速增长。”[1]

新的措施希望鼓励人民币在中国周边跨境贸易结算中的使用。在这项计划下，从中国进口商品的企业现在可以用人民币而非美元支付。他们的雄心很谦逊，这项计划的目标是为了让中国货币在区域内的非正式使用正式化。[2]

这项计划是如何运行的呢？使用人民币支付从中国进口的商品，国外企业需要从国外银行向指定的中国香港清算银行（或其他的离岸金融中心）发送支付请求。中国香港清算银行将资金汇入中国内地的结算银行，结算银行再将资金汇入出口企业。或者，企业可以使用中国内地的商业银行作为境外银行的代理机构。在这种情形下，企业需要在代理

1 引自 Howard Chao and Sean Tai, “The Coming Age of the Renminbi,” *Deal Magazine*, November 2, 2009, last updated December 16, 2009, http: //www.mondaq.com/x/91212/M+A+Private%20equity/The+Coming+Age+Of+The+Renminbi.

2 Haihong Gao and Yongding Yu, “Internationalization of the Renminbi”（paper presented at BoK-BIS Seminar in Seoul, South Korea, March 19-20, 2009）. 周边地区或国家包括中国香港、中国澳门和东南亚国家联盟（ASEAN）——文莱、柬埔寨、印度尼西亚、老挝、马来西亚、缅甸、菲律宾、新加坡、泰国和越南。

银行开立一个离岸人民币账户，使资金能够在银行内部流动。[1]

随着中国货币在周边国家或地区的流通，这项计划将一种已经存在多年的实际情况正规化。人民币一直在中国内地和周边国家或地区之间流通，尤其是中国香港。为了强调这种情形，20世纪90年代初期，对货币出口的限制略有放松，但限制在相对较小的数额。[2]从1993年起，允许个人旅游时单次携带不超过6 000元进出中国内地。这一限额在2005年1月被提高到20 000元，至今仍维持着这一水平。

数年来，中国内地居民已经在携带货币出境。20世纪90年代，许多中国内地居民将大量的货币带到香港。[3]因此，很多中国内地居民在境外储蓄积累人民币，虽然他们知道没有正规途径可以把货币带回中国内地。资金缓慢而稳定地流出中国，证明了个人普遍认为他们的钱以其他货币形式持有会更安全，企业也有类似的想法。为了规避外汇管制，合法的中国企业经常伪造发票来证明它们向国外的供货商或贸易伙伴支付了比实际需求更多的金额。这些公司将这部分差额转入了离岸账户。

为了吸收和使用这些人民币，周边国家建立了非正规的人民币外汇市场。很多都由货币交换者自行标价，不会像银行那样受到严格

1　境外参与银行、离岸结算银行和国内代理银行都必须同时获得香港金融管理局和中国人民银行的批准，允许其从人民币跨境贸易结算业务。

2　这一时期，港元（而不是人民币）在中国南方的广东省更受欢迎。William H. Overholt, *The Rise of China: How Economic Reform Is Creating a New Superpower*（New York：W. W. Norton，1993），165.

3　Mark L. Clifford and Dexter Roberts, "Commentary: Should China Revalue? Soon, It May Have No Choice," *Bloomberg Magazine*, August 3，2003，http：//www.bloomberg.com/bw/stories/2003-08-03/commentary-should-china-revalue-soon-it-may-have-no-choice.

的监管。[1]这也解释了为什么人民币作为国际货币还存在缺陷，但事实上却在许多国家（包括蒙古、柬埔寨、越南、缅甸和老挝）和地区被广泛使用，使用普遍程度达到了过度泛滥的本地货币的水平，甚至像其他主要国际货币那样受到欢迎。例如，在老挝北部，人民币比美元更受欢迎，并被称为“小美元”。[2]在印度尼西亚、马来西亚、新加坡、泰国和中国台湾，本地货币与人民币的关联比与美元的关联更加紧密。[3]

新的政策计划将许多现有的非正规关联合法化。在试点计划中，位于五个试点城市（东莞、广州、上海、深圳和珠海）的合格企业允许在与中国香港、中国澳门和其他东南亚国家联盟成员国进行贸易时使用人民币进行标价、计价和结算。[4]这些地区和国家的银行允许向选择使用人民币与指定中国企业开展国际贸易的境外企业提供相应服务，包括存款、货币兑换、支票、汇款和贸易融资。

2009年7月，跨境贸易结算试点计划开始实施时，中国银行与汇丰

---

1 由于中国内地的官方外汇市场和周边地区（如中国香港）“非正规”且不受监管的市场完全分离，两个市场的汇率也有所差异，出现了较大的套利机会。

2 中国的报告，通过私人交流获得。

3 Arvind Subramanian，*Preserving the Open Global Economic System*：*A Strategic Blueprint for China and the United States*，Policy Brief 13–16（Washington，D.C.：Peterson Institute for International Economics，June 2013），5，http：//piie.com/publications/pb/pb13–16.pdf.

4 2009年7月，365家企业获准成为中国内地的试点出口企业，可以使用人民币进行国际贸易结算。五个试点城市的企业可以由省级政府的推荐并经中央批准成为试点企业。对中国内地以外参与试点计划的企业没有特殊的要求。Hong Kong Monetary Authority，“Renminbi Trade Settlement Pilot Scheme，” *Hong Kong Monetary Authority Quarterly Bulletin*，September 2009，http：//www.hkma.gov.hk/media/eng/publication-and-research/quarterly-bulletin/qb200909/fa2_print.pdf.

银行（与交通银行有合作关系）进行了中国第一笔跨境结算业务。这笔业务在香港完成，以人民币跟单信用证交易的形式收到来自上海的汇款。[1]对于这两家银行而言，这都是一个标志性的时刻，以关键股东的身份加入了试点计划，将中国的主要金融中心（香港和上海）连接了起来，并向企业界展示了计划的内涵。

企业界对这项举措反应积极。根据位于北京的中国社会科学院2009年对超过1 000家出口企业进行的调查，[2]超过80%的受访者对人民币跨境结算的实施表示欢迎，认为这是一种减少汇率风险和交易成本的方式。这项调查还发现，该计划还可以鼓励中小企业参与国际贸易，因为对于中小企业而言，获得开立美元账户的批准更加困难。

虽然人民币市场规模还很小，但具有巨大的潜力，所有的大型银行，包括中国的银行和主要的国际银行，都将此作为开发新产品的契机，它们热烈欢迎新计划的实施并给予了非常乐观的预期。例如，汇丰银行曾估计，人民币的贸易结算需求可能在2012年达到2万亿美元，占中国对外贸易的40%~50%。“如果40%~50%的结算量转换成人民币，将为贸易、贸易成本和贸易融资提供更加多元化的选择，从而降低汇率波动风险和交易成本并有效促进地区贸易的发展。”汇丰银行（中国）

1 “HSBC to Become Involved in Cross-Border RMB Settlement’s First Foreign Trip,” Xinhua News Agency，July 6，2009，http：//money.163.com/09/0706/14/5DI0QHET0025335L.html.

2 “The Pilot RMB Trade Settlement Scheme and RMB Internationalisation,” HKTDC Research，May 29，2015，http：//economists-pick-research.hktdc.com/business-news/article/Economic-Forum/The-Pilot-RMB-Trade-Settlement-Scheme-and-RMB-Internationalisation/ef/en/1/1X000000/1X05VOBP.htm.

董事总经理贲圣林在2009年8月说道。[1]

主要银行开始使用人民币向客户提供贸易服务。2010年3月，作为计划的一部分，因人民币计价的银行活期账户和标准贷款利率登陆香港，为使用人民币进行交易的企业提供了更大的灵活性。大型国际银行开始积极鼓励在贸易消费中使用人民币，将其作为香港商业服务的组成部分。对于消费者而言，直接使用人民币进行贸易结算特别具有吸引力，因为人民币相较于美元更为强劲。

对计划的热情不仅限于中国香港的银行和金融机构。在计划之下，众多新兴服务出现在与中国贸易联系密切的国家。例如，2009年7月月底，在越南有超过6 000家交易商注册，为使用人民币进行国际贸易结算的企业提供服务。这些企业集中在北仑河沿岸，这条河连接着中国西南部的广西壮族自治区和越南东北部的广宁省。[2]

对于参与从中国进口或出口工业制成品和半成品的企业来说，该计划还是一项有益的创新，它帮助简化了贸易的计价和支付程序并降低了汇率风险。不足为奇，很多商人对此非常高兴并加入了这项计划。越南慈善贸易有限公司是一家越南的家具公司，其70%的产品出口到中国，其执行董事黄一凡（Huang Yifan）公开表明她对计划的支持："我真希望在亚洲地区有像欧元那样统一的货币，能够降低兑换货币的成本，并让整个交易过程更加便捷……我希望人民币可以成为这样的货币，因为人民币稳定并且受到东南亚国家联盟成员国的欢迎。"她还表

1 Ho Wah Foon, "Betting on China," *Infinite Horizons* (HSBC Bank Malaysia Berhad) 4 (November 2009): 4, https: //www.hsbc.com.my/1/PA_ES_Content_Mgmt/content/website/commercial/news_events/bizmag-infinite_horizons /magazine_pdfs/infinite_horizons_vol4_nov2009.pdf.

2 "RMB Preferred for Sino-Vietnamese Border Trade Settlement," Sohu News, September 3, 2009, http: //business.sohu.com/20090903/n266423192.shtml.

示，人民币在越南、柬埔寨和老挝都非常受欢迎。[1]

汇丰银行的阿尔伯特·陈（Albert Chan）指出，“开立人民币商业活期账户为进行贸易结算的企业提供了更大的灵活性。”[2]他解释道，交易者在进行本地的人民币贸易结算时，可以将支票和汇款结合使用。“在人民币跨境结算中引入试点计划后，进口企业和出口企业有很多机会来扩大销售、降低成本和管理风险。”渣打银行的尼尔·达斯瓦尼（Neil Daswani）响应道。[3]

2010年6月，人民币试点计划扩大到中国的20个省市。[4]一年后，该计划覆盖了中国所有地区。2011年10月，中国人民银行发布了允许外商直接投资以人民币计价的指导意见。自此，试点计划进一步发展为正式的项目，在这个项目中，所有中国的国际贸易原则上都能使用人民币进行结算。事实上，自2012年3月起，所有具有进出口许可证的中国企业，都可以选择加入试点计划并使用人民币进行贸易结算，适用的地区不仅包括前文所提到的，中国香港、中国澳门和东南亚国家联盟的成员国，还包括世界其他国家和地区。[5]行政程序和繁文缛节都被大大简

1 “China-ASEAN FTA to Accelerate RMB Regionalization,” Xinhua News Agency, October 23, 2009, http://news.xinhuanet.com/english/2009-10/23/content_12308041.htm.

2 Edward Russell, “HSBC Launches RMB Current Accounts in Hong Kong,” FinanceAsia, May 30, 2010, http://www.financeasia.com/News/170641, hsbc-launches-rmb-current-accounts-in-hong-kong.aspx.

3 通过私人交流获得。

4 北京、天津、内蒙古、辽宁、上海、江苏、浙江、福建、山东、湖北、广东、广西、海南、重庆、四川、云南、吉林、黑龙江、西藏和新疆。

5 贸易企业需要同时获得中国人民银行和香港金融管理局的批准。只要获准参与人民币跨境交易业务，中国和境外的商业银行就可以进行结算。

化，所有行政许可的限制和要求都被取消。

然而，即使中国企业转而使用人民币来减少汇率风险和交易成本，这并不意味着它们境外的贸易伙伴对这一转变同样表示欢迎。一种在国际金融交易中受到限制的货币不可能立即被广泛使用，即使是仅用于交易商品也是如此，因为这样的交易仍然需要考虑金融因素，如贸易融资和对冲汇率风险。[1]这意味着，如果非中国居民没有途径将人民币投资于金融和非金融的活动，他们持有人民币的成本会非常高。第一个原因是，他们无法从在资本市场中交易人民币并获得收益；第二个原因是，如果货币贬值，他们无法迅速且便捷地抛出持有的货币，并转换为其他货币的资产。这毫无疑问限制了人民币在国际上的使用范围，同时也削弱了人民币的潜力。

在人民币有限的可兑换性条件下，外国企业和投资者没有动机持有人民币。正如时任马来西亚—中国总商会（Malaysia-China Chamber of Commerce）副总会长拿督黄汉良（Datuk Bong HonLiong）在应邀对计划做出评价时所说，“当前的条件并不利于人民币结算，人民币持续走高而美元疲软，进口商没有动机使用人民币，而出口商乐于接受当前的汇率。”[2]由于对非中国企业施加的资本账户限制，与中国进行贸易的企业不能在本国银行的储蓄账户中持有人民币，它们最佳的选择是持有大量的人民币现金来结算日常交易，并将剩余的人民币兑换为其他货币。如果外国企业和投资者不愿意持有人民币，那么人民币会陷入单一

1 Hans Genberg, “Currency Internationalisation: Analytical and Policy Issues” (Working Paper 31, Hong Kong Institute for Monetary Research, October 31, 2009), 6, doi: 10.2139/ssrn.1628004.

2 “China RMB Trade Settlement Reshape Global Forex,” Success Business Fund, October 31, 2012, http: //bizfundedge.com/economic/china-rmb-trade-settlement-reshape-global-forex/.

循环，进口商和出口商兑换人民币来结算交易，但不会拓展人民币的使用和流通。因此，贸易结算制度至多能够有助于发展国际货币的一种功能，即支付手段功能。因此，使用人民币计价和结算是促进人民币国际化的一个必要非充分条件。

人民币结算制度有限的效果在其实施后的几个月中有所显现。2010年年中，中国货币当局意识到，推动一种有限可兑换的货币国际化如此困难。在没有政策干预来支持人民币国际化的情况下，受限的长期资本流动很可能约束未来数年人民币在国际中的使用，即使只针对贸易交易也是如此。

中国货币当局明白，他们需要确保境外有大量可获得的人民币来克服货币有限可兑换性的约束。具备了充分的流动性，市场参与者就能够以便宜和可预期的价格买入和卖出人民币，就像买入和卖出美元那样，可以更放心地持有人民币。为了实现这种流动性，中国政府认为，他们必须创造一个以人民币计价的资产市场，并为外国企业提供参与动机，从而在国际支付系统中为人民币创造充分的流动性。流动性是国外参与者忽略当前的限制，乐意并愿意持有人民币的关键条件。

当然，中国货币当局也可以选择通过放松这些限制来创造流动性，遵循日本在20世纪80年代所采取的措施，完全开放资本账户并自由化资本流动。但中国国内的银行和金融系统尚未彻底改革，汇率冲击的风险和不受资本流动管制的国内金融系统带来的不利影响风险过高，因此取消资本控制不会（或暂时不会）发生。

反之，中国的政策制定者开始试验发展专门市场的想法，将这个市场与国内市场相分离，但人民币和以人民币计价的资产在这里可以自由交易。这个市场不仅需要具备流动性，还需要具备完善的市场基础设施、值得信任的机构、信誉良好的监管以及最终能够发展新产品的能力

（如人民币计价债券）。

离岸市场方案

为了让人民币更加具有吸引力，中国货币当局设计了一种巧妙的解决方案——离岸市场。这个市场允许人民币在完全自由的条件下在境外进行交易，为正在或计划在境外进行投资的中国企业以及希望在境外资本市场募集资金的中国企业提供支持。中国货币当局通过将这些交易移至离岸市场来保护中国内地的在岸市场免受意外和潜在的资本自由流动的影响，这些资本流动会削弱国内的金融稳定性。因此，他们开始制定一系列与结算制度平行的政策，使他们能够在境外构建流动性的同时不受政府的管辖。[1]

在离岸市场中，非本国居民可以以贸易和投资为目的获得人民币以及持有人民币资金。这些资金可以通过复杂的渠道流入和流出中国内地，而这些渠道至少在理论上可以提供一种控制人民币资本流动的机制，从而降低金融不稳定的风险。希望将支付资金兑换为其他货币的参与者也可以在离岸市场中进行，通过离岸人民币将货币兑换为任何具有浮动汇率的外国货币，离岸人民币在外汇市场中常用的专业术语缩写为CNH。因此，在离岸市场中，人民币——更确切地说是CNH——可以成为一种有着浮动汇率的完全可自由兑换的货币。事实上，这意味着创造了两种平行的货币：离岸的完全可兑换的人民币（CNH）和在岸的不可兑换的人民币（CNY）。

1 Dong He and Robert Neil McCauley, “Offshore Markets for the Domestic Currency: Monetary and Financial Stability Issues”（Working Paper 320, Bank for International Settlements, Basel, September 2010）, http: //www.bis.org/publ/work320.pdf.

建立离岸市场的目的是让人民币成为一种国际通行的金融资产，从而实现货币的价值储藏功能，这一功能可以支持人民币的国际化。同时，中国货币当局将继续保持对国内（或在岸）市场的资本流动以及资本账户自由化进度的控制。[1]离岸市场的发展也为参与人民币业务的国际中心提供了机会，它们可以提供一些以人民币计价的资产、投资工具以及银行和相关的贸易服务。

人民币跨境贸易结算制度和人民币离岸市场制度成为中国推动人民币国际化互补的两个方面。这一双轨战略对每一条路径都进行了详细设计。第一个制度的目标是增加人民币在国际贸易中的使用，进而发展其作为国际贸易计价货币的用途；第二个制度的目标是为以人民币计价的资产创造离岸市场，从而让中国避免开放未成熟的资本账户，以及避免扩大国际收支账户的不平衡。

这两项制度平行且相互促进。一方面，跨境贸易结算制度促进了离岸市场的发展，因为贸易收入可以在离岸市场中以银行存款，甚至以人民币计价资产的方式持有；另一方面，离岸市场的发展为非本国居民投资从贸易中获得的人民币提供了投资途径。反过来，这些离岸人民币支持和丰富了离岸市场的流动性。中国的政策制定者希望更多的外国企业使用人民币与中国进行贸易结算，如果它们有可选择的方式来持有人民币并享有充分的流动性。因此，如何说服外国企业和外国市场的参与者在离岸银行账户或离岸金融工具中持有人民币，是离岸市场的发展所面临的重大挑战。

最后，在这种双轨政策框架下，货币能够在可控的条件下在国际

1 Dong He and Robert Neil McCauley, “Offshore Markets for the Domestic Currency: Monetary and Financial Stability Issues”（Working Paper 320, Bank for International Settlements, Basel, September 2010），http://www.bis.org/publ/work320.pdf.

中被使用。通过发展离岸市场，中国可以维持对资本流入和流出的控制，同时保护中国的银行和金融系统免受不可控的时间与冲击的影响。但是，正如我将在随后的章节中进行讨论的内容，离岸市场不能完全作为货币可兑换性的替代品，除非放松对资本流动的限制；否则，人民币的国际化仍然在规模和范围上受到限制。

7

建立人民币市场

中国通过一系列连贯的政策推动人民币国际化的战略是史无前例的。中国是第一个积极推动货币国际化而非任其自由发展的发展中国家。同时，中国也是第一个在法定货币时代尝试推动货币国际化的国家。在法定货币时代，国际货币与黄金或任何有形资产之间没有任何联系。[1]美元在替代英镑成为主导货币时，通过对比两种货币对黄金的兑换比例来确认其信用，而法定货币意味着人民币的信用无法通过这种方式确认。

建立人民币的信用和国际声誉，并让人民币在美元主导的地区成为可接受的货币是非常困难的，即使在亚洲地区也是如此。但是，这却是人民币双轨政策（贸易结算方案和离岸市场方案）的目标所在。然而，这一战略在建立人民币市场时面临着很多相互关联的障碍。

面临的首要挑战是，将人民币输送到国外投资者手中，在中国限制资本流动和可兑换性的前提下，这是一项棘手的问题。由于中国偏好保持经常账户盈余和有管理的汇率制度，推动人民币的境外需求就意味着在中央银行资产负债表的资产方积累美元。目前，中国经常账户盈余下降至GDP的3%左右，但在人民币战略刚开始的2010年盈余水平却更高，大约占GDP的5%。正如我在第5章所讨论的，有管理的汇率制度意味着中国人民银行必须在储备中持有美元并发行人民币。换句话

1　我将此观点归功于约翰·纽吉（John Nugée）。

说，为了保持汇率稳定，中国人民银行必须在干预外汇市场的同时向市场提供人民币；结果，中国的官方储备中积累了大量美元，并进一步扩大了“美元陷阱”。（积累美元的替代性选择是完全灵活的汇率制度，但中国并不会这样做，我们已经对此进行过讨论，我将在第9章中进一步论述。）

如果继续为人民币创造吸引力，中国面临的另一项挑战就会是在回应和扩大人民币资金及人民币计价资产境外需求的同时保持金融稳定。中国货币当局认为，只要限制了离岸人民币回到在岸市场的渠道，国内金融稳定就能够维持。但对资金流动的限制（流入和流出的双向限制）抑制了市场的需求，这被称为人民币国际化的阻碍因素。同时，中国货币当局必须谨慎地安排构成人民币战略的政策措施，以避免为离岸市场与在岸市场之间的套汇和套利交易创造机会。

最后，当中国实施人民币战略并为市场运行“提供便利”时，无法保证所有市场参与者都会使用人民币。中国货币当局假设，只要他们准备好了必要的市场基础设施，过程本身就能够为驱动市场提供足够的吸引力，货币的国际化随之而来，尤其是在中国贸易的规模和范围条件下。政策的确能够支持货币国际化，但政策能够推动货币国际化吗？中国可以设立这个平台，但不能强迫市场参与者使用人民币。针对这种情况，他们需要对货币的流动性和信用有足够的自信。

中国面临的挑战可以归结为流动性、市场基础设施以及二者之间的关系。精心设计、运行良好的市场基础设施有助于确保人民币在境外有足够的流动性，而足够的流动性反过来支持着人民币的需求，并鼓励市场实践。因此，这样的市场基础设施关键在于离岸市场与在岸市场之间的流动性渠道。在本章中，我将详细考察为了建立人民币市场和为这个市场提供支撑的市场基础设施必须要做的事情。

向离岸市场提供人民币

流动性对于建立一个运行良好的人民币市场至关重要。外国企业也许有能力并且愿意在与中国的交易中使用人民币，它们需要确定在需要时人民币能够在离岸市场中较为便捷地获得，最为重要的是，人民币能够迅速地与其他货币进行兑换。外国企业需要确认，中国对资本流动的限制不会影响到离岸市场的人民币资金，也不会阻碍离岸市场中的交易。

为离岸市场提供流动性有两种常用方式。第一种方式是，市场参与者将从贸易交易中获得的资金存入离岸银行账户中。这将有助于在境外为货币发行国设立一个“存储器”。这种流动性不在货币发行国的管辖范围内，可以用于国际贸易。例如，由于美元在国际支付系统中占据主导地位，美元在美国的管辖区域之外被非美国居民广泛使用、积累和流通。一家在全球范围内的多个国家和市场运营的德国企业可能决定在英国开立美元账户，英国拥有世界最大的美元离岸市场，该企业在进行支付和接受支付时，无须使用来自美国的资金或者将资金配置到美国。何东和罗伯特·麦考利（Robert McCauley）将此称为“纯粹”的离岸市场。[1]

第二种方式是，让市场参与者通过离岸金融中心的清算银行或在岸市场的代理行将美元或其他国际货币换入离岸市场，同时让在岸市场的银行通过离岸市场清算银行向离岸市场的分支机构贷款。前例中的德国企业可以将欧元兑换为美元，并将这笔资金汇入英国伦敦的美元

1 Dong He and Robert McCauley, “Eurodollar Banking and Currency Internationalisation,” *BIS Quarterly Review*, June 2012, 35–36.

账户。

中国不能遵循这两种常用方式中的任意一种。人民币在国际贸易中的使用尚未发展到能够为离岸市场提供充足的流动性，[1]同时中国对资本账户的限制制约了市场参与者能够产生的流动性。由于这些限制的存在，人民币市场还不是一个纯粹的离岸市场，至少目前还不是。人民币市场更重要的特点是作为国际市场的人民币净贷出方。[2]这意味着人民币离岸市场更主要的是充当资金的通道，让资金从中国内地流向世界其他地区，而不是一种在中国管辖区之外的人民币流通的工具。用人民币银行存款作为一个代理变量，中国离岸市场的市场规模约为2.2万亿元，[3]这仅为中国外汇储备总量的十分之一和GDP的3%左右。这意味着市场参与者（私人部门）所产生的流动性本身不足以支撑人民币市场的发展，但人民币市场却在推动人民币国际化的过程中非常重要。

因此，中国控制货币的政策与发展人民币的政策背道而驰。例如，

---

1 官方流动性和非官方流动性是总体流动性的两个组成部分，该定义参见Dietrich Domanski，Ingo Fender，and Patrick McGuire，“Assessing Global Liquidity，” *BIS Quarterly Review*，December 2011，59–62. 总体流动性取决于“资金和市场流动性的相互作用”，同时受公共部门（包括货币当局）、金融机构和私人部门行为的驱动。同上，58。

2 数年间，欧洲美元市场从一个纯粹的离岸市场转变为美国本土之外资金借贷双方的媒介，它在资金的境内借方和境内贷方之间发挥的渠道作用低于美国本土范围内的程度，但在境内借方和境外贷方之间几乎无法发挥渠道作用。He and McCauley，“Eurodollar Banking，” 42.

3 2015年1月月底，比2014年1月的1.63万亿元高出35%。Deutsche Bank，*Harnessing the RMB Opportunity：A Brief Guide to China's Global Currency*（Hong Kong：Deutsche Bank，May 2015），6，https：//www.db.com/en/media/Harnessing-the-RMB-opportunity—A-brief-guide-to-China-s-global-currency.pdf.

人民币的外国持有者在将离岸市场筹集的资金汇回中国内地方面面临数项限制，因此他们可能会认为在离岸市场持有人民币没有吸引力。[1]同时，放松资本流出的限制也与为国内银行保持充足的金融资源相违背。随着中国经济的增速放缓和美联储货币政策的收紧——为以美元计价资产提供更高的回报，资本流出超过了资本流入。2015年，中国的净资本流出达到历史新高，达到6 760亿美元。[2]

为此，中国人民银行开辟了提供流动性的第三种方式：积极地供给人民币。中央银行充当着人民币流动性的提供者，这使得人民币离岸市场与美元市场相分离。在决定向离岸市场提供多少流动性时，中国的中央银行必须考虑市场需求、政策目标以及过度的流动性可能对国内金融稳定造成的风险。与中国政策制定的渐进方式一致，流动性被谨慎地增加或减少。通过这种“积极的、可控的和渐进的”方式，[3]中国希望

1 2011年1月，新规则的公布将增加中国内地向香港的外商直接投资。这些规定允许中国内地的企业使用人民币来进行外商直接投资及其结算，同时香港的银行可以为此类交易提供人民币资金。Hong Kong Monetary Authority，*Hong Kong*：*The Global Offshore Renminbi Business Hub*（Hong Kong：Hong Kong Monetary Authority，January 2016），http：//www.hkma.gov.hk/eng/key-functions/international-financial-centre/renminbi-business-hong-kong.shtml.

2 Institute of International Finance（Figures are published by the Institute of International Finance and are available only to members：https：//www.iif.com/publication/capital-flows/tracking-china-s-capital-flows-iif-framework）. See also Shawn Donnan，“Capital Flight from China Worse than Thought，” *Financial Times*，January 20，2016.

3 Dong He，“International Use of the Renminbi：Developments and Prospects”（speech at Columbia-Tsinghua Conference on Exchange Rates and the New International Monetary System，Beijing，June 28，2011），25，http：//www.hkimr.org/uploads/news/54/news_0_65_dhe-presentation-28-june-2011.pdf.

尽最减小在管辖区域外发展规模过大的离岸市场所带来的风险。[1]同时，通过控制离岸市场流动性的规模，中国货币当局事实上控制着离岸市场的发展速度。

管理人民币的供给

流动性主要掌握在中国的中央银行手中，那么中央银行如何确保人民币有充足的供给呢？一种方式是通过货币互换，就像2013年中国和巴西之间约定的那样。这些双边协定编织了一张安全网来确保货币的可获得性，同时避免由于货币的暂时性短缺造成贸易中断，货币在该国的贸易关系中处于关键地位。重要的是，货币互换在离岸市场为人民币创造了流动性。[2]货币互换可以为人民币提供流动性并鼓励人民币在国际中使用的观点最早由两位中国人民银行金融研究所的研究员马韧韬和周永坤于2009年提出。[3]自此，中国货币当局一直在试验使用互换协议来增加人民币的境外供给。随着境外和国际外汇市场中可获得人民币的增多，外国企业使用人民币进行贸易更加便利。此外，货币互换也通过降低通常金融交易中产生的大量成本来使中国贸易伙伴获益，如手续

1 Paola Subacchi, Helena Huang, Alberta Molajoni, and Richard Varghese, *Shifting Capital: The Rise of Financial Centres in Greater China* (London: Chatham House, May 2012); Haihong Gao and Yongding Yu, "Internationalization of the Renminbi," (paper presented at BoK-BIS Seminar, Seoul, South Korea, March 19–20, 2009).

2 关于货币互换参见 Julia Leung, *Facing the Flood: How Asia Is Coping with Volatile Capital Flows* (London: Chatham House, November 2014).

3 Ma Rentao and Zhou Yongkun, "Currency Swap: Effective Method of Participating in International Financial Rescue and Enforcing RMB Internationalization," *China Finance* 4, no. 658 (2009).

费、利率、贷款发放费用和税收。

因此，货币互换协议成为人民币战略的关键组成部分。这是进一步加深和协议签约国的金融与货币一体化，[1]并在全球范围内创造离岸人民币资金的一种方式。从2009年起，中国已经与32个国家签订了双边货币互换协议，承诺金额超过3万亿元。这32个国家主要为亚洲地区国家，如泰国、印度尼西亚、韩国，但是英国、新西兰、瑞士和阿根廷也加入了这些协定。[2]虽然人民币严格来讲还不是一种可自由兑换的货币，但它与众多国家签署协议的事实证明了它所具有的影响力，尤其是在发展中国家。

全球金融危机之后，中国与韩国在2008年12月签署了协议，这是中国签署的第一份协议。该协议同意韩国中央银行在3年内与中国互换1 800亿元。也就是说，协议保障了两国之间的支付，以预防流动性危机。2013年，在清迈协议（Chiang Mai Initiative）[3]中，中国与东南亚国家联盟成员国签订了一项价值5 000亿元的协议，以促进地区金融稳定，

1　没有官方文献直接说明货币互换的重要性，但人们普遍认可货币互换是中国人民币战略的重要组成部分。这些互换协议是"基于促进双边金融合作、便捷双边贸易与投资和维护区域金融稳定的目的"而签订的。"Establishment of a Bilateral Local Currency Swap Agreement Between the People's Bank of China and the State Bank of Pakistan," People's Bank of China，December 28，2011，http：//www.pbc.gov.cn/english/130721/2856547/index.html. The State Council decides on the arrangements，selection，and volume of each bilateral agreement.

2　2015年7月月底数据。People's Bank of China，*RMB Internationalization Report*（Beijing：China Financial Publishing House，2015），32.

3　清迈协议是东南亚国家联盟10个成员国、中国、日本和韩国之间的一项多边货币互换协议，于2010年发起，旨在为这些国家提供一张金融安全网以共同应对流动性危机。2010年，协议签署之初的金额为1 200亿美元，目前的金额为2 400亿美元。

同时与英格兰银行签订了一项价值2 000亿元的货币互换协议。

在很多国家中，这些人民币互换协议都被限定了用途，因为人民币业务及与中国的贸易规模不足以触发流动性危机。根据中国人民银行的资料，2014年，累计2.3万亿元互换金额中仅有810亿元被使用。[1]然而，中国香港的情况却不同，在这里，拥有人民币安全网十分重要（正如我将在本章后续部分讨论的，中国香港是主要的人民币离岸市场）。2009年1月，中国香港与中国人民银行签署了总计2 000亿元的货币互换协议。该协议分别于2011年11月和2014年11月重新签订了两次，出于发展人民币离岸市场的特殊目的，总额增加至4 000亿元。香港金融管理局总裁陈德霖十分赞赏这一协议，认为该协议"对于帮助我们在必要时为香港的离岸人民币市场提供流动性和维护金融稳定十分关键"。[2]

2012年6月，该协议的重要性更加得以强调，此时，该协议的货币互换额度被激活，以缓解由于位于香港离岸金融中心的银行对人民币的强烈需求而引起的暂时性流动性短缺，并预防离岸人民币市场的不稳定。[3]通过允许银行从市场中获得人民币，香港金融管理局释放了有助

1　2015年7月月底数据。People's Bank of China，*RMB Internationalization Report*，41–42.

2　"People's Bank of China and Hong Kong Monetary Authority Renew Currency Swap Agreement，" Hong Kong Monetary Authority，November 22，2011，http：//www.hkma.gov.hk/eng/key-information/press-releases/2011/20111122-3.shtml.

3　"Renminbi Liquidity Facility to Renminbi Business Participating Authorized Institutions"（press release），Hong Kong Monetary Authority，June 14，2014，http：//www.hkma.gov.hk/eng/key-information/press-releases/2012/20120614-4.shtml.

于缓和紧张和释放市场压力的强烈信号。[1]

中国货币当局并不仅仅局限于通过货币互换协议来创造流动性。近年来，他们开始鼓励政策性银行向在国际资本市场中借款能力不足的国家提供竞争性的人民币贷款。2012年3月，金砖四国峰会（BRICS Summit）在新德里举行，中国国家开发银行宣布与巴西、俄罗斯、印度和南非的开发银行签署合作备忘录，其中，这些国家同意让本国货币用于贸易计价和互相之间的借贷。[2]此外，2011年，中国进出口银行（China Ex-Im Bank）开始与泛美开发银行就设立人民币计价的基金开展合作，这将为拉丁美洲和加勒比地区的投资基础设施和提供支持。通过合作，中国可以将人民币贷款拓展至商品丰富的拉丁美洲地区。

新开发银行（New Development Bank）和亚洲基础设施投资银行（Asian Infrastructure Investment Bank）可能有助于推动人民币进入大型区域和国际项目，而中国是这两家银行的重要股东。虽然这两家银行的实收资本以美元计价——分别为500亿美元和1 000亿美元，但是这些数额相对于大型开发项目而言非常小。相比之下，世界银行的总资本为2 230亿美元。因此，考虑两家银行最终都将扩充资本是合理的，而中国或许希望投入更多的人民币而非

---

1 Robert Cookson, "Hong Kong to Offer Renminbi Loans to Banks," *Financial Times*, June 14, 2012, http: //www.ft.com/cms/s/2/7e62666e-b601-11e1-a511-00144feabdc0.html.

2 "CDB Chairman: BRICS Will Sign Agreements to Formalize Local Currency Invoicing and Lending, " CBD News, March 28, 2012, http: //www.cdb.com.cn/english/NewsInfo.asp ? NewsId=4046; Henny Sender and Joe Leahy, "China Offers Other Brics Renminbi Loans, " *Financial Times*, March 7, 2012, http: //www.ft.com/cms/s/0/3e46ac04-67fd-11e1-978e-00144feabdc0.html.

美元。

从货币互换和双边贷款到设立新的银行，这些发展对人民币离岸市场的发展具有重要意义。与中国签署了货币互换协议的国家和地区的企业，可以在离岸中心（如中国香港）设立实体机构，以利用人民币开展贸易业务能够将离岸中心作为开展背对背交易的中心。在这种环境下，与中国人民银行签署的货币互换协议等同于“官方背书”，旨在向市场参与者保证，一旦离岸人民币（CNH）短缺，人民币将继续有效。

建立支付系统

运行良好的离岸市场的另一个关键因素是市场基础设施，尤其是支付系统，这是中国内地的银行和企业与其境外合作者相连接的方式。因此，该系统揭示了流入和流出中国内地的人民币资金流（这是一座关键桥梁，因为中国现代化支付系统不支持国际支付），指定的清算银行成为在岸银行间支付系统的渠道，同时人民币也通过这些渠道汇回中国。

这个系统如何工作呢？每一个离岸市场都有自己的清算银行，由中国人民银行指定，让我们以中国香港为例进行说明。在中国香港，中国银行（香港）被指定为清算银行（其他清算银行有中国工商银行、中国建设银行，分别是新加坡和伦敦的清算银行）。中国银行（香港）在中国人民银行深圳分行开立了账户，在这个账户中存入从各个非中国内地银行汇入的人民币，这些银行均参与了贸易结算计划。通过将中国内地的在岸银行间支付系统，也被称为大额支付系统（High Value

Payment System，简称HVPS），[1]与中国香港的离岸人民币实时支付结算系统（Real-Time Gross Settlement，简称RTGS）建立联系，[2]清算银行据此实现中国内地之外的人民币结算。因此，境外银行可以与中国内地的代理银行交易，与清算银行进行支付的清算，或者直接与清算银行进行交易，此外还可以同时使用代理银行和清算银行。除了从自己的客户那里获得人民币外，境外银行可以通过清算银行或中国内地的代理行进行兑换和借款。

实时支付结算系统支持安全高效的跨境支付结算（比如在香港的银行向其位于深圳和广东的交易对手支付港元和美元），它向参与的银行支付利息，利息取决于中国人民银行的存款利率，而参与银行将利息支付给清算银行。清算银行还担任中国外汇交易中心（China Foreign Exchange Trade System）的特别会员，可以在这里清算参与银行外汇业务的人民币头寸。截至2016年4月月底，实时支付结算系统中有214名

1 大额实时支付系统是中国现代化支付系统的核心，同时也是一个实时支付结算系统，主要用于大额人民币的支付。International Monetary Fund，*People's Republic of China：Detailed Assessment Report：CPSS Core Principles for Systemically Important Payment Systems*，IMF Country Report No.12/81（Washington，D.C.：International Monetary Fund，April 2012）：4，19. In January 2012，the PBoC decided to upgrade the China National Advanced Payment System to better facilitate the renminbi cross-border trade settlement scheme. Lingling Wei，"China Is Easing Yuan-Pay System，" *Wall Street Journal*，January 5，2012，http：//www.wsj.com/articles/SB10001424052970203513604577139981921915046.

2 实时支付结算系统是一个资金支付系统，用于银行间的大额资金转移或实时发生的证券交易（例如，不存在借贷方净额的逐笔交易产生的资金结算）。Bank for International Settlements，*Real-Time Gross Settlement Systems：Report Prepared by the Committee on Payment and Settlement Systems of the Central Banks of the Group of Ten Countries*（Basel：Bank for International Settlements，1997），http：//www.bis.org/cpmi/publ/d22.pdf.

直接参与者进行了日平均总额为7 000亿元的清算交易。[1]

参与银行可以设定自己在离岸人民币市场的人民币存款账户条件。例如，在香港，本地居民（如持有香港身份证的人）开立存取款账户没有限制。在一些限制条件下，个人可以将人民币兑换为港元或反向操作，[2]并且可以从香港将人民币汇回中国内地的“个人储蓄账户”。[3]参与银行可以向中国香港居民发行借记卡和信用卡，以供他们在中国内地使用，适用常用的信用卡最高额度100 000元的限制。此外，从2010年起，中国采取了一系列为在岸市场和离岸市场交易提供便利的措施，比如允许人民币存款在不同的账户之间流动。[4]同时，企业可以没有限制地开立人民币账户，人民币可以在这些账户中持有、汇入或汇出。

但是，在离岸市场使用实时支付结算系统也存在重大的缺陷，尤

---

1 Hong Kong Interbank Clearing Limited，Participants of Hong Kong Clearing System，April 26，2016，http：//www.hkicl.com.hk/clientbrowse.do? docID=7199&lang=en.

2 目前，限额为现钞结算每人每笔交易不超过6 000元等值金额，现汇结算每人每天不超过20 000元等值金额——与2005年设定的限额相同。参见“Hong Kong：The Global Offshore Renminbi Business Hub，” Hong Kong Monetary Authority，January 2016，22，Q4，http：//www.hkma.gov.hk/media/eng/doc/key-functions/monetary-stability/rmb-business-in-hong-kong/hkma-rmb-booklet.pdf. Also see “HKMA Scraps 20，000 Yuan Daily Conversion Cap in Landmark Reform，” *South China Morning Post*，November 13，2014，http：//www.scmp.com/business/economy/article/1638077/hkma-says-yuan-exchange-cap-lifted-november-17-when-stock-connect；and Norman T. L. Chan，“Removal of RMB Conversion Limit for Hong Kong Residents”（speech），Hong Kong Monetary Authority，November 12，2014，http：//www.hkma.gov.hk/eng/key-information/speech-speakers/ntlchan/20141112-1.shtml.

3 此处的汇款限额为每人每天 50 000 元。汇出款未使用的部分可以由同一户名在香港的账户汇回。

4 还包括香港市场中的人民币计价债券、保单及其他投资产品。

其是操作时间和罗马字符的限制使用，这阻碍了人民币发展为国际货币。为了推进中国发展人民币的愿望，中国人民银行开发了一个新的支付系统——人民币跨境支付系统（Cross-Border Inter-bank Payment System，简称CIPS），该系统通过统一的平台将人民币使用者连接起来。特别地，该系统同时支持在岸市场和离岸市场参与者之间的跨境清算，每天的交易时间为23小时（对亚洲地区和欧洲地区均适用），支持中文和罗马字符。该系统旨在提供市场基础设施，为直接的国际人民币支付清算提供便利，减少交易成本和处理时间，将人民币与国际关键货币处于同等的地位，进而为人民币在国际支付中的使用提供进一步的动力。目前，人民币跨境支付系统有19家银行加入，包括花旗银行、德意志银行（Deutsche Bank）、汇丰银行和澳新银行（ANZ）等。2015年10月，渣打银行（中国）成为首家通过跨境支付系统完成交易的银行，从中国向位于卢森堡的瑞典零售商宜家家居（Ikea）进行支付。[1]

中国使用自己的支付系统的另一个好处在于，这可以减少对SWIFT系统的依赖。SWIFT系统是由位于比利时的环球同业银行金融电信协会SWIFT（Society for Worldwide Interbank Financial Telecommunications）提供的系统。SWIFT系统以美国和欧洲的银行为基础，间接地成为一种国际政治工具。例如，2015年1月，由于乌克兰的冲突事件，欧盟威胁要将俄罗斯的银行从SWIFT系统中剔除。即使目前对中国来说不存在地缘政治风险（尽管中国与美国、日本之间的关系非常紧张），但中国领导层可能更加希望避免陷入潜在的脆弱处境之中，在那样的情况下，由于政治压力产生的报复行动可能会中断人民币的支付。

1 "Standard Chartered Says Has Completed Yuan Clearing for Sweden's IKEA Via CIPS," Reuters Hong Kong，October 7，2015，http：//www.reuters.com/article/2015/10/08/china-economy-cips-yuan-idUSL3N1280KK20151008.

点心债券市场

除了充足的流动性和支付的市场基础设施外，中国股票市场和债券市场充分的国际活动也是关键因素。对于人民币在国际范围内的使用，以下两个原因尤为重要。

第一，通过增加另一类金融资产，鼓励人民币用于投资和贷款。例如，中国企业可以从债券市场借入资金并将募集的资金用于境外投资，或者汇入国内市场进行投资。反过来，如果人民币除了在离岸银行存款之外还有其他的人民币资产的市场，外国人会更加愿意持有人民币。可用的人民币计价的工具越多，持有人民币就越便利和越不受约束。因此，人民币的借贷对人民币的发展非常关键。

第二，建立人民币计价债券市场的原因是，这样的市场有助于“发现”其他以人民币计价资产的价格，从而进一步支持市场的多元化。当不同的机构发行人民币计价债券时，如主权国家、地方政府和公司，每一种发行主体都有自己的收益率和期限，据此可以得到收益率曲线和基准利率。其他发行者随后也会参与进来，使得收益率曲线更加清晰。只要人民币计价债券市场建立，就能够开发其他的金融工具，例如，保单需要债券来覆盖保单风险暴露，投资基金和养老基金需要债券来提供现金流。一个健康发展的市场对于资产管理业务同样重要。事实上，它们之间有着互相促进的关系：资产管理业务为债券市场提供资金，而债券市场通过资产管理产品提供投资机会。此外，一个具有流动性并且多元化的债券市场有助于对冲工具的发展，如衍生品。一系列对冲工具使得使用人民币进行计价和结算对外国企业而言更具吸引力。

最发达的人民币计价债券离岸市场是中国香港市场，它又被称为点心债券市场，并发行点心债券，区别于中国内地的熊猫债券市场。点心债券市场始于2007年（在人民币跨境贸易结算方案发布之前），中国人民银行和国家发展和改革委员会允许中国内地的商业银行和企业在香港发行人民币计价的债券，而香港被指定为离岸中心。同年，中国国家开发银行在香港发行了价值50亿元的人民币计价债券。中国内地的大型商业银行随后也效仿这种做法，在香港发行人民币计价债券。例如，2007年，中国银行发行了总计30亿元的债券。[1]2009年10月，中国财政部在香港发行了价值60亿元的主权债券，这是财政部首次在中国内地之外发行主权债券。[2]

这些都是用于测试市场参与者反映和兴趣的实验（在某种程度上，这些全部处于国家控制之下）。然而，真正的突破发生在2010年8月，跨国快餐连锁企业麦当劳发行了价值20 000万元的债券，息票率为3%，到期期限为3年。这是首家外国企业和首家非金融公司在点心债券市场上发行债券。这标志着中国香港和外国企业债券发行开始进入紧张时期。

1 "Bank of China Launches Renminbi Bonds in Hong Kong," BOC News, Bank of China, September 12, 2007, http://www.bankofchina.com/en/bocinfo/bi1/200810/t20081027_8054.html?keywords=hong+kong+3+billion+rmb+bond+offering.

2 Steve Chan, "Debt Market Industry in Hong Kong," HKTDC Research, September 15, 2014, http://hong-kong-economy-research.hktdc.com/business-news/article/Hong-Kong-Industry-Profiles/Debt-Market-Industry-in-Hong-Kong/hkip/en/1/1X000000/1X003UPT.htm.

从2007年到2015年11月，[1]点心债券市场的总发行量超过4 430亿元。发行者来自不同的行业（从消费品和金融产品到工具和机器）和不同的国家和地区，包括中国香港［合和公路基建（Hopewell Highway）］，日本［日立资本（Hitachi Capital）、三菱日联证券（Mitsubishi UFJ）、三井物产（Mitsui & Co.）］，韩国［韩国进出口银行（Korea Eximbank）、希杰集团（CJ Global）］，马来西亚［马来西亚主权财富基金（Khazanah's Sukuk）］，中国台湾［新焦点汽车技术有限公司（New Focus Auto Tech）、阳光能源控股有限公司（Solargiga Energy）］，美国［卡特彼勒（Caterpillar）、福特汽车（Ford Motor）］，以及欧洲［汇丰银行、联合利华（Unilever），俄罗斯外贸银行（VTB Capital）、大众汽车、特斯科（Tesco）］。

2009年，在点心债券市场发展的初期，香港债券市场主要由本地货币主导，98%的债券都以港元计价。然而，点心债券市场目前占香港债券市场的60%。[2]这使得香港金融中心更多地向人民币工具的方向发展。

发行人民币债券的逻辑十分清晰。对发行者而言，进入一个利率更低的市场具有优势——发行点心债券比发行熊猫债券更便宜，因为香港的利率更低（自全球金融危机以来就是这样的情况）。例如，在麦当劳的案例中，香港的利率低于主要在岸市场的利率，因而在香港募集资

1 Patrick McGee, "Panda bonds triumph over dim sum debt after turmoil," *Financial Times*, November 30, 2015, http: //www.ft.com/cms/s/2/511cb962-7f15-11e5-98fb-5a6d4728f74e.html ? siteedition=uk#slide0.

2 International Monetary Fund, *People's Republic of China—Hong Kong Special Administrative Region: 2012 Article IV Consultation Discussions*, Country Report 13/11 (Washington, D.C.: International Monetary Fund, January 2013), 15, https: //www.imf.org/external/pubs/ft/scr/2013/cr1311.pdf.

金使得这家跨国企业获得了低利率的优势。通过这种方式募集的资金可以通过新建立的银行清算通道汇回中国内地（像麦当劳这样直接在中国进行投资的跨国企业有充分的自由将资金汇入和汇出中国）。同时，当人民币计价债券在离岸市场可获得时，国际投资者可以将他们的投资组合分散化并投资于正在升值的资产，至少到目前为止是这样。由于存在渠道让这些资金在离岸市场和在岸市场之间流动，整个过程更加便捷并富有吸引力。

推动点心债券市场发展的力量还将继续推动这个市场的发展。首先，即使是以比过去更慢的速度进行，中国的经济增长和转型仍然十分重要。对中国企业“走出去”的推动（如我在第2章中所讨论的）以及中国银行业所遭遇的瓶颈，确保了对资金的稳定需求以支持其现有业务和开发新业务。其次，截至2014年，对人民币将稳步升值的预期提供了更多的吸引力，随后这一趋势出现了转变。此外，投资在离岸市场发行的债券是国际投资者参与中国债券市场最便捷的方式。最后，将货币风险与国家风险相分离对于境外投资者和其他市场参与者而言，十分具有吸引力。当在离岸市场购买人民币债券时，国际投资者可以避免任何与中国内地相关的风险，包括政治风险。如果中国人民银行为了获得流动性更加积极地参与和干预证券市场，操作瓶颈将造成不稳定，在离岸市场中，投资者也可以免受这类波动的影响。这些都反映在离岸市场和在岸市场的收益差异中。

除了这些优势，离岸债券市场也存在必须克服的重大的障碍。虽然点心债券市场在运行的前5年中规模翻倍，但收益率曲线仍然有限，并且二级市场缺失。这两个因素（一是多元化的收益曲线，该曲线可以充分反映不同收益率和到期期限的不同债券的供给；二是活跃的二级市场，在这个市场中，投资者可以在债券市场到期之前进行债券交易）对运行良好的债券市场十分关键。债券的平均收益率略高于4%，平均的到期期限约为3.5年。这些障碍的存在并不是由于没有充分重视这些问题，中国财政部积极地出售不同期限的债券，从而为其他债券发行者提供价格信号。2013年6月，中国财政部甚至发行了第一笔到期期限为30年的主权债券。同样，这些障碍的存在也并非因为缺乏国际投资者。国际金融机构在2013年发行的人民币债券占7%；然而，境外非金融企业仍然是最大的发行者，占市场份额的33%左右。中国货币当局也意识到发展更具有流动性和更加多元化的债券市场的必要性，并且在2013年中共十八届三中全会上所提出的改革计划，就特别突出了改革和开放资本市场的内容，并在"十三五"规划（2016—2020）中得以重申。[1]但是，这项改革与银行业的改革相关，也与更为广泛的中国企业和地方政府治理的改革相关。

管理人民币资金的渠道

只要中国人民银行创造和提供了关键的市场基础设施，人民币和人民币资产的国际需求就会增加。然而，这却使问题变得更加复杂。在当前的限制条件下，谁能投资上海和深圳的股票与债券？而中国居民如何投资海外的股票与债券？为了为资本交易和投资提供便利，中国货币当局引入（或扩展）了一项大杂烩式的项目：一是QFII制度，如我在第4章所讨论的，该制度允许外国投资者购买和出售以人民币计价的、

1 "Properly Adjust Liquidity and Maintain the Stability of Money Market," People's Bank of China, June 26, 2013, http://www.pbc.gov.cn/english/130721/2895330/index.html; "Communiqué of the Third Plenary Session of the 18th Central Committee of the Communist Party of China," January 15, 2014, http://www.china.org.cn/china/third_plenary_session/2014-01/15/content_31203056.htm.

在在岸证券交易所交易的A股；二是R-QFII（人民币合格境外投资者）制度，该制度允许外国投资者使用离岸人民币资金并投资于中国内地的资本市场；三是R-ODI（人民币境外直接投资）项目，该项目允许中国内地企业投资境外的离岸人民币资金；四是R-FDI（人民币外商直接投资）项目，该项目是一项"境外企业、经济实体和个人"能够使用人民币在中国内地进行外商直接投资的工具；五是QDLP（合格境内有限合伙人），发布于2015年4月，允许境外资产管理者成立合格的人民币私募基金投资于离岸证券市场。[1]

这些制度如何运行呢？让我们以R-QFII机制为例。在这种制度下，中国货币当局向拥有离岸人民币市场的金融中心分配一定的投资配额。2011年，当这项制度建立时，中国香港获得了2 700亿元的配额。2013年，这项制度进一步拓展，分别分配给新加坡和英国伦敦500亿元和800亿元。R-QFII机制发布后，香港金融中心发展迅速，目前，超过40家中国企业在此管理来自中国内地的资金并从事基金咨询业务。香港市场的发展十分繁荣，这使得香港金融管理局开始与中国人民银行探讨提高配额额度的可能性。[2]其他制度也非常受欢迎，2013—2014年，人民R-ODI项目规模翻倍，达1 870亿元，而R-FDI项目也增长到8 620亿元。[3]

新的政策不断被引入。例如，2014年，沪港通（Shanghai-Hong

1 "Administrative Rules on Settlement of RMB-Denominated Foreign Direct Investment, PBC Document No. 23 [2011]," People's Bank of China, October 13, 2011, http://www.pbc.gov.cn/english/130733/2862916/index.html.

2 "Hong Kong Says in Talks with Beijing to Raise RQFII Quota," Reuters Hong Kong, June 9, 2015, http://www.reuters.com/article/2015/06/09/china-rqfii-idUSL3N0YV2QN20150609.

3 People's Bank of China, *RMB Internationalization Report*, 32.

Kong Stock Connect）正式开通。在这项制度下，中国国内的股票市场首次在无须任何许可证和官方批准的情况下，直接向国际投资者开放，尤其是对个人投资者和国际对冲基金开放。这项制度也为国内的投资者提供了参与香港股票市场的途径。

与其他为离岸市场设计的制度一样，也与大部分中国的新制度一样，沪港通也设定了配额。中国香港的投资者可以购买上海证券交易所上证180指数、上证380指数的成分股，以及上海证券交易所上市的A+H股公司股票，总额度不超过2 500亿元。同样，中国内地的投资者可以购买和出售在香港交易所上市的股票，总额度不超过2 500亿元。每天，有超过130亿元从香港流向内地的股票市场，而每天从内地流向香港的资金最高达105亿元。[1]沪港通发布时，超过150 000名中国内地的投资者向上海交易所申请注册沪港通账户，但在第一个交易日，仅使用了日度总额度的20%。[2]然而，对上海交易所股票的需求却十分旺盛，在第一个交易日的下午两点左右，国际投资者几乎耗尽了每日的额度。[3]

1 As of May 7, 2015, 571 Chinese stocks were covered by the program. "Shanghai-Hong Kong Stock Connect," Citibank, accessed December 8, 2015, https: //www.citibank.com.hk/english/investment/shanghai-hongkong-stock-connect.htm.

2 Josh Noble, "Demand for China's Stock Connect Slumps," *Financial Times*, November 19, 2014, http: //www.ft.com/cms/s/0/e138d20e-6fc8-11e4-90af-00144feabdc0.html. Also see Bourse Consult, *London RMB Business Volumes 2014*, City of London Renminbi Series (London: City of London Corporation, June 2015), https: //www.cityoflondon.gov.uk/business/economic-research-and-information/research-publications/Documents/Research-2015/London-RMB-business-volumes-2014.pdf.

3 Josh Noble and Gabriel Wildau, "Hong Kong-Shanghai Exchange Deal Sees Money Head North," *Financial Times*, November 17, 2015, http: //webcache.googleusercontent.com/search? q=cache: JQvANkOWjkAJ: www.ft.com/cms/s/0/fd78b37a-6e07-11e4-bf80-00144feabdc0.html+&cd=9&hl=en&ct=clnk&gl=uk.

虽然有一个好的开头，但这项制度在开始交易的一个月后看起来没有特别成功，中国投资者每日仅使用了3%的日度配额，而国际投资者对日度配额的使用刚刚超过20%。但是，从那时起，交易活动显著增加，创造了一种双向组合投资的渠道。[1]2016年4月，过半的上海证券交易所额度被使用，总交易额超过3 500亿元，日平均成交量从2016年3月的40亿元下降到30亿元。[2]香港交易所的活动没有这么活跃，额度使用没有达到50%，总交易额约为3 500亿元，日平均成交量为29亿元。[3]

最终，这个不断引入新的政策（每一种政策都有其对应的配额）的系统让货币当局可以保持对资本流动的控制。值得重申的是，既能让这个系统逐渐开放但对资本流动保持控制，又能与人民币国际化战略一致的方式是建立离岸市场。那么，哪一个金融中心比香港更加适合作为人民币离岸中心呢？

香港："一国两制"

香港与人民币战略的紧密联系并不令人惊讶。香港是中国在区域贸易中的转运口岸和主要的国际金融中心。[4]超过60%的外商直接投资从香港进入内地，而香港的银行已经与内地往来业务多年。但是，香港

1 中国政府正在评估将深圳交易所的项目推广到亚洲和欧洲其他金融中心交易所的可能性。

2 沪港通月度统计数据，http：//www.hkex.com.hk/eng/csm/chinaConnect.asp？LangCode=en. People's Bank of China，*RMB Internationalization Report*，50.

3 同上。

4 Cf. Z/Yen Group，*Global Financial Centres Index 8*（London：Long Finance，October 2010），http：//www.zyen.com/GFCI/GFCI%208.pdf.

在1997年回归之前是英国的殖民地，其法律、行政和监管系统都承袭了这一特征，与中国内地所的系统不同，邓小平将此描述为“一国两制”。[1]

数年来，中国政府一直在尝试将香港的资本优势与中国由计划经济向市场化经济的转型结合起来。香港在中国发展中的角色就像邓小平所提倡的那样，把持香港的资本主义制度和自由的市场系统“100年不变，而不是50年不变”。[2]从邓小平时代起，香港的主要优势在于，拥有稳定而自由的环境来吸引和留住最成功的企业和大量接受过教育并怀有梦想的人才。

在人民币战略中，香港的特殊地位为人民币的境外使用提供了试验田。事实上，人民币离岸市场是为香港而建并以香港为典范。中国政府可以通过香港试验，渐进而可控地开放中国金融市场。同时，作为中国人民币战略和金融改革的一部分，香港提供了在岸市场和离岸市场之间必要的分离度。保持这两个市场相互独立但同属于一个国家，原则上使得中国政府有能力管理在岸市场和离岸市场之间的外部资金，同时避免造成国内金融市场不稳定的巨额资金流入。[3]与此同时，它们为离岸市场的运行提供了流动性，但也正因为如此，香港不是一个纯粹的离岸

---

1 “一国两制”的表达最早由邓小平于1984年提出。Deng Xiaoping，“One Country，Two Systems，” in *Selected Works of Deng Xiaoping*，vol. 3，*1982—1992*（Beijing：Foreign Languages Press，1994），46.

2 William H. Overholt，*The Rise of China*：*How Economic Reform Is Creating a New Superpower*（New York：W. W. Norton，1993），197，203.

3 关于离岸市场的发展对本国经济的货币和金融稳定构成的风险，以及管理这些风险的政策选择，参见Dong He and Robert N. McCauley，“Offshore Markets for the Domestic Currency：Monetary and Financial Stability Issues”（Working Paper 320，Bank for International Settlements，Basel，September 2010）.

市场。

作为人民币的“试验田”，香港有机会重新定义其在中国发展中的角色，并将金融服务部门打造得更加贴近中国内地的人民币战略。香港施政报告是阐明香港主要原则的最关键的政府文件，2009—2010年的施政报告指出，“在国家推动人民币区域化和国际化时，我们可协助加强金融安全，发展离岸人民币业务。”该报告指出，“我们要充分利用‘一国两制’下的机遇，配合国家的整体发展需要，在达致互惠双赢和维护国家金融安全的原则下，发展为汇聚国内外资金及人才的国际融资、资产管理和离岸人民币业务中心。”[1]

大部分人民币业务都通过中国香港展开。香港吞吐了近80%的人民币跨境贸易结算业务和近80%的全球人民币业务。[2]人民币资金通过贸易支付或其他渠道流入，成为在市场中可以使用、配置和与其他货币自由兑换的人民币存款。这些年来，不仅香港的银行得到了发展，而且香港还在人民币市场中开发了其他交易活动，如外汇交易和财富管理。这些活动反映了中国人民币战略的主要组成部分，并相互作用。结果，人民币业务迅速发展。例如，香港人民币离岸外汇市场成为亚洲主要的货币市场，而几年前，这个市场还不存在。作为主要的金融中心，这深刻地影响并逐渐改变着香港的交易活动与市场运行。根据SWIFT的规

1 “The 2009–10 Policy Address：Breaking New Ground Together，” 3，5，Hong Kong Government，accessed December 8，2015，http：//www.policyaddress.gov.hk/09-10/eng/docs/policy.pdf.

2 “SWIFT RMB Tracker：A Stellar Performance in 2011 Positions London as Next RMB Offshore Centre，” 1，SWIFT，January 2012，https：//www.swift.com/assets/swift_com/documents/products_services/SWIFT_RMB_Tracker_January2012.pdf.

定，[1]人民币目前是内地与香港之间第二大被普遍使用的跨境支付结算货币，大约占跨境支付总额的12%。[2]

然而，虽然近年来取得了很多重大突破且人民币业务大幅扩张，人民币的银行存款仍然仅占香港银行存款总额的8%。2016年3月，据香港金融管理局统计，香港存款总额约为1 100亿港元，其中，530亿港元（超过一半的比例）为港元存款，其余部分为外币存款。[3]如果与内地超过9 000亿元的存款总额相比，香港的人民币存款规模就更小了。[4]

香港人民币离岸市场还有进一步发展的空间。在任何情况下，由于其与内地的特殊关系，香港都优于其他的国际金融中心，并且将继续享有这种先发优势。即使对于那些渴望在人民币存款数量上成为人民币离岸市场重要组成部分的金融中心也是如此，对此我将在下一章中进行讨论。由于大量的离岸流动性，香港为主要债券的发行和人民币产品的二级市场交易提供了平台，这赋予了它相较于其他竞争者的绝对优势。

然而，香港或许不会长期保持领先地位。正如我所强调的，人民币战略是一项不断发展的工作。中国政府围绕人民币展开的实验已经沿着其他方向扩张——从政策和地理的角度而言。其风险在于，香港会偏

---

1 SWIFT是一个网络，使全球范围内的金融机构能够在安全的环境下交换金融交易的相关信息。

2 美元仍然位居榜首，港元次之，人民币以微小的差距紧随其后。

3 HKMA，*Monthly Statistical Bulletin*，May 2016，No. 261，http：//www.hkma.gov.hk/eng/market-data-and-statistics/monthly-statistical-bulletin/table.shtml#section3.

4 Jesús Seade，Ping Lin，Yue Ma，Xiandong Wei，and Yifan Zhang，“Hong Kong as an International Centre for China and the World”（draft，Department of Economics，Lingnan University，Hong Kong，July 7，2010）.

离在人民币战略中的中心位置。我将在下一章中讨论，其他金融中心也扩展了人民币业务并与香港展开竞争。如果人民币离岸市场成为一个纯粹的离岸市场，竞争将会更加激烈——中国完全自由化资本流动之时。此外，中国货币当局也在对其他在“可控条件下”开放资本账户的政策措施进行试验。正如我将在下一章中进行讨论的，自由贸易区的建立将发展向非本国居民开放的离岸市场，而我在思考这是否最终使得离岸市场与人民币战略之间的相关性变弱。从自由贸易区直接参与中国市场，将使众多外国投资者和企业绕开香港的人民币离岸市场，从而使香港在中国政府人民币战略中的重要性降低。

8

人民币的流动

人民币战略的政策在第一次发布时，没有太多人相信人民币能够取得成功。他们认为，人民币只具有有限的可兑换性，因而人民币的国际流通会受到限制。很多中国和外国的评论者都认为，贸易结算和离岸市场制度注定会失败。但是，市场参与者却对这一措施表现出了充分的热情，创造出足够的动力来推动它继续前进，尤其是中国及其周边国家和地区的参与者（从某种程度上讲，市场参与者比中国的商界领袖和学者更能够接受新的政策）。

在刚刚过去的5年中，我所称的人民币战略从一项小而低调的、旨在增加人民币在跨境贸易中使用的试点计划，发展为大规模的、涵盖广泛政策领域的行动方案。中国货币当局利用中国的贸易来构建人民币使用的平台，并在香港建立离岸市场基础设施（包括清算、支付和其他银行设施）来为人民币在贸易和投资中的使用提供便利，建立了人民币在中国及其周边国家和地区自由流动的官方渠道，并且创造了人民币在区域内流通的框架。

因此，人民币的流通被“正式化”，同时在香港建立起了一个运行良好的人民币市场。为了充分评价这项措施的影响，我们有必要记得这些日子：商人们带着大量人民币过境并将这些资金存在香港的银行账户中，以应对国际贸易和海外投资的支付需求。例如，开放一条正式的银行渠道并鼓励在云南进行缅甸玉石交易的商人在缅甸边境使用人民币，[1]是一种积极的发展方向。但是，这并不会使人民币变成关键国际货币。

即使中国政府继续对这一措施保持低调的姿态，他们也怀有更大的抱负，而不仅仅是让人民币成为区域主要货币。2015年，国际货币基金组织对是否将人民币纳入一篮子货币进行了审议，一篮子货币为国际货币组织的特别提款权提供基础，中国政府的抱负在对这一结果的巨大期望中表现得十分明显。很多中国人（包括学者、记者和商界人士）都坚信人民币需要这样的认可来巩固其主要国际货币的国际地位。国际货币组织达成了一致意见，现在人民币是特别提款权中可用于兑换的货币之一，其他货币包括美元、欧元、日元和英镑。国际货币基金组织总裁克里斯蒂娜·拉加德强调，将人民币纳入特别提款权是“中国的里程碑”。[2]至少从官方角度来看，人民币不再是一种非国际化货币并且跨入了关键国际货币的行列。

人民币未来将如何发展呢？中国香港为在亚洲和全球范围内的其他金融中心建立离岸市场提供了政策典范。同时，在资金流入和流出受到限制的情况下，中国通过扩张离岸市场来支持人民币的国际流通和使用。当然，在这些市场中，由于人民币仍然受到有限可兑换性的约束，市场的规模取决于中国货币当局的供给。中国政府与希望设立离岸市场的国家或地区之间的合作是最重要的，这些国家或地区必须接受一个事实，即建立纯粹的离岸市场机会是有限的，至少到目前为止是这样。合

1 Ben Yue, “Cross-Border Trade in Yunnan Shows the Road Ahead,” *China Daily*, July 5, 2013, http://www.chinadailyasia.com/business/2013-07/05/content_15077137.html.

2 “IMF's Executive Board Completes Review of SDR Basket, Includes RMB Renminbi,” Press Release No. 15/540, November 30, 2015, https://www.imf.org/external/np/sec/pr/2015/pr15540.htm.

作的需求毫无疑问在单纯的技术和商业问题之外附加了政治因素，因此其他人民币离岸中心设立在中国势力范围的国家或地区（即使是中国台湾也与中国大陆在贸易规模和范围上有密切联系），或是设立在与中国政府具有友好的商业和外交关系的国家或地区，这并不令人惊奇。

在本章中，我将考察中国的人民币战略如何在中国境外扩张，如何在东亚甚至整个亚洲以外的区域为人民币更广泛的流通创造条件。人民币的国际流通正在增加，并且在国际范围内的地位越来越稳固。但是，人民币在亚洲以外流通的数量仍然很少，这些缺点和约束显示（我将在本章的后半部分进行讨论），人民币下一步的发展可能需要突破离岸市场。

拓展离岸市场业务

香港在发展人民币的国际使用中发挥了关键的作用。成功地发展离岸市场增加了香港的竞争力，并创造或推动了亚洲和欧洲的其他金融中心建立离岸市场的动机，以参与到不断增长的人民币市场中。至今为止，数十个金融中心都建立了人民币离岸市场。除多伦多和多哈外，其他离岸市场均位于亚太地区（如悉尼、吉隆坡、新加坡市、首尔、台北和东京）以及欧洲的一些地区（如伦敦、法兰克福、卢森堡、巴黎和苏黎世）。清算银行的数量也在增长，全球范围内共有14家，包括于2015年5月在智利设立的第一个拉丁美洲离岸人民币市场，以及于2015年4月在卡塔尔设立的第一个中东地区离岸人民币市场。

由于中国在全球经济中的重要性，参与不断增长的人民币业务对于主要国际金融中心和亚洲地区的区域金融中心十分关键，尤其是那些希望进一步融入中国区域扩张的金融中心，它们在迅速增长的人民币贸易需求中感受到了紧迫性，因而活跃而积极地参与到人民币离岸市场中。这与新加坡和中国台北尤为相关，出于不同的理由和动力，它们正在与中国香港竞争。新加坡正在与中国香港展开正面交锋，争夺亚洲地区第一金融中心以及世界主要金融中心的地位。而中国台北则更多是在区域内进行竞争，人民币业务与中国台湾和中国大陆的贸易相关联（虽然一定程度上，其贸易规模小于中国香港），而它们目前已经成为仅次于中国香港的第二大人民币离岸市场。人民币银行业务对新加坡和中国台北来说都十分重要——截至2015年12月月底，新加坡银行存款总额为2 000亿元，而截至2016年1月月底，台北银行存款总额为3 700亿元。两个金融中心分别拥有一家清算银行——新加坡的中国工商银行和中国台北的中国银行，同时，允许银行到两个金融中心开立人民币账户。

相较于其他金融中心，新加坡在国际外汇市场和其他大宗商品市场中具有很大的优势。新加坡是被东南亚国家联盟成员国包围的一块飞地，是区域内覆盖广泛的贸易网的组成部分——新加坡有55%的贸易都是在亚洲展开的。因此，新加坡可以提供一个平台，让人民币在中国和东南亚国家联盟成员国的贸易中更多地被使用。现在，企业和个人都可以通过新加坡的银行开立人民币账户，这些银行在跨境贸易中使用人民币来进行收支（在新加坡开始使用人民币清算系统之前，大部分离岸人民币清算都经由中国香港进行）。

根据一项汇丰银行发布的调查，约15%的新加坡企业使用人民币进行跨境贸易结算。[1]人民币外汇每日平均的成交量在系统运行的第

1 “Yuan Rising：Singapore’s RMB Usage Climbs by 4 Percent in 2014，” *Singapore Business Review*，July 9，2014，http：//sbr.com.sg/financial-services/news/yuan-rising-singapore%E2%80%99s-rmb-usage-climbs-4-in-2014#sthash.GH8TlkEO.dpuf.

一年增长了一倍，从2013年3月的160亿美元增加到2013年12月的310亿美元。同时，新加坡还发行了总计75亿元的人民币计价债券，现在有多家新加坡的银行都提供人民币计价债券。汇丰银行领先发行了总额为50 000万元的人民币计价债券，到期期限为2年，利率为2.25%。

中国台北是比新加坡和中国香港更小的金融中心，但与这些具有重要金融影响力的中心相比，它具有关键性的竞争优势：中国台北与中国大陆具有广泛而深入的贸易联系。[1]中国台湾与中国大陆之间贸易联系的深度和广度推动了人民币业务的发展，并为人民币离岸市场创造了流动性。不断改善的海峡两岸关系主要得益于三项备忘录，其中包括《海峡两岸银行业监督管理合作谅解备忘录》（*The Cross-Strait Financial Supervision Memorandum of Understanding*），[2]人民币通道的开放使得中国台湾的企业更容易获得人民币资金。2013年，台湾银行允许吸收人民币存款，而人民币清算渠道帮助银行和贸易企业以更快的速度和更低的成本，让源于人民币贸易结算方案中的资金流动。结果，中国台湾人民币存款的月度增长率在2013年2月突破历史最高纪

---

1 但是，到目前为止，将中国大陆作为其最大的贸易伙伴，是中国台湾的一个弱点。

2 备忘录签署于2009年11月。"Taipei，Beijing Sign Financial MOUs，" Taiwan Today，November 17，2009，http：//taiwantoday.tw/ct.asp ? xItem=78329&ctNode=452&mp=9. Also see Shuching Chou，Shin-Hung Lin，Hui-Lan Yang，and Yi-Ting Shen，"The Market Reactions to the Cross-Border Banking-Evidence of Taiwan Banks in China，" *International Journal of Business and Social Science* 4，no. 10（August 2013）：217；and Wendy Zeldin，"China；Taiwan：Financial MOUs Signed，" Global Legal Monitor，Library of Congress，November 19，2009，http：//www.loc.gov/law/foreign-news/article/china-taiwan-financial-mous-signed/.

录，增长率达到45%。[1]

目前，人民币在亚洲地区的其他中心也能够进行交易，如东京和首尔，人民币外汇在这里分别以对日元和韩元的汇率进行计价。日元和韩元也可以在上海的外汇市场中直接进行交易。从理论上来讲，直接交易可以减少这些国家之间对美元的依赖，但其流动性有限（在韩国市场中，造成这一情况的部分原因是韩元与人民币之间的直接交易在2014年夏季才发布）。进行大额交易的市场参与者更愿意使用美元作为工具货币进行结算。特别地，由于某些历史原因，使用人民币进行中国和日本之间的双边结算仍然受到限制。[2]

流向伦敦

贸易是人民币业务在亚洲扩张的关键导火索。由于中国与邻国有着密切的贸易和金融联系，这一点并不令人惊奇。然而，即使英国是中国的第二大欧洲贸易伙伴（尤其是中国的出口），仅次于德国，[3]人民币业务在亚洲以外地区（尤其是在英国）发展的主要原因也是金融而不是贸易。在伦敦发展人民币的全球市场意味着中国前进的步伐已经超越了

---

1 Paola Subacchi and Helena Huang，“Taipei in the Renminbi Offshore Market：Another Piece in the Jigsaw，” Chatham House Briefing Paper，London，Chatham House，June 2013.

2 2012年上半年，以人民币进行结算的贸易额在中日双边贸易总额中所占比例不到1%。Ben McLannahan，“Sluggish Start for Yen/Renminbi Market，” *Financial Times*，November 29，2012，http：//on.ft.com/TnWjyt.

3 “Guidance：Doing Business in China：China Trade and Export Guide，” UK Trade and Investment，updated December 21，2015，https：//www.gov.uk/government/publications/exporting-to-china/exporting-to-china.

在亚洲的区域性战略和发展区域性货币。

伦敦是亚洲、欧洲和北美地区的交汇之地，是世界主要的金融中心。伦敦具有很多优势：时区、完善的法律系统、全面的规章制度、专业人士的聚集、大量的创新和风险管理纪录，以及发展欧元市场的经验。[1]而针对中国业务，伦敦更具优势，很多中国商业银行在伦敦设立了分支机构。伦敦已经成为一个重要的人民币外汇交易中心，截至2014年年底，伦敦占据了全球人民币离岸即期市场的67%。[2]

在20世纪60年代和70年代发展欧元市场时，伦敦积累了丰富的离岸金融专业技能。但是，建立欧元市场采取的路线与发展人民币市场的路线完全不同。英国的银行尝试规避英镑的汇率控制，而美国的银行尝试规避其国内的监管，因此欧元市场诞生了。[3]然而，人民币离岸市场的建立却是政策导向的，要求英国财政部和伦敦负责发展金融中心的当地政府密切配合中国内地和中国香港。

这项联合行动始于2011年9月，在第四次中英经济财金对话中，英国财政大臣乔治·奥斯本（George Osborne）和王岐山宣布展开合作，在伦敦发展人民币离岸市场。该对话在中国香港和英国伦敦发起的私人

---

1 Bourse Consult, *London: A Centre for Renminbi Business*, City of London Renminbi Series (London: City of London Corporation, April 2012), https://www.cityoflondon.gov.uk/business/support-promotion-and-advice/promoting-the-city-internationally/china/Documents/London_A_Centre_for_RMB_business_2013.pdf.

2 Bourse Consult, *London RMB Business Volumes 2014*, City of London Renminbi Series (London: City of London Corporation, June 2015), http://www.cityoflondon.gov.uk/business/economic-research-and-information/research-publications/Documents/Research-2015/London-RMB-business-volumes-2014.pdf.

3 Catherine R. Schenk, "The Origins of the Eurodollar Market in London: 1955—1963," *Explorations in Economic History* 35, no. 2 (April 1998): 221–238.

企业论坛举行之后进行，已经成为一项重要的半年度要事，旨在让英国财政部和中国香港货币金融管理局政策制定者就中国如何发展人民币市场提出政策建议。受对话的影响，伦敦市场按照中国香港市场同样的模式进行发展。现在，伦敦已经具备了所有离岸市场的必备条件：一个清算银行、一项与中国人民银行签署的货币互换协议和一个债券市场。

虽然伦敦的人民币业务以很快的速度增长（年增长率约为37%，主要由企业存款的增长拉动），但相对而言，其规模仍然很小。截至2016年1月月底，银行存款约为500亿元，其中一半为企业账户存款[1]，伦敦的人民币资金只是中国香港甚至新加坡存款的一部分。在债券市场方面，汇丰银行在2012年4月领先发行了第一支在中国内地和中国香港之外发行的人民币计价债券，总额为20亿元。这支三年期债券（年利率3%）中的三分之二由欧洲投资者购买，其余部分则由亚洲投资者购买。[2]还有很多其他的“第一”诞生，从离岸市场最大一笔人民币计价债券发行（该债券于2014年1月由中国银行发行，总额为25亿元），到第一只非中国主权债券的发行（该债券于2014年10月由英国政府发行，总额为300万元，用于提供官方储备，在这之前，英国持有的官方储备

1 Bourse Consult, *London RMB Business Volumes 2014*, City of London Renminbi Series (London: City of London Corporation, June 2015), 23, https://www.cityoflondon.gov.uk/business/economic-research-and-information/research-publications/Documents/Research-2015/London-RMB-business-volumes-2014.pdf. 在一份2012年4月关于伦敦人民币业务的报告中，2011年伦敦人民币存款被错报为1 090亿美元。在2013年1月的报告中，伦敦人民币存款的大幅下降（截至2012年6月月底为102亿美元）反映了这一错报。

2 Stefan Wagstyl, “HSBC Raises $300m in Renminbi Bond Issue,” *Financial Times*, April 18, 2012, http://www.ft.com/cms/s/0/067703e4-8974-11e1-85b6-0 0144feab49a.html.

只有美元、欧元、日元和加元）。[1]但目前为止，这些债券发行总额仅为29亿元。[2]这些事件成为主要的象征性标志，突出了英国、中国内地和中国香港在创造离岸人民币市场中展开的合作，[3]突出了它们之间在商业和政治联系的重要性，以及中国与西方市场的金融一体化。[4]但是，这些对于驱动人民币计价债券的市场需求几乎没有帮助。

即便如此，在参与人民币战略和推动人民币在伦敦市场中使用的过程中，英国几乎没有损失，反而有很多收获。这些收获是显而易见的，比如更加多元化，拥有潜在大市场的股份，与中国建立更密切的商业和政治联系。总之，这些对英镑都不构成威胁。一位英国的高级公务员告诉我，这不仅与支持人民币相关，也与参与中国的贸易和投资相关，这是一项“共同参与”的政策。

1 HM Treasury and The Right Honorable George Osborne MP, “Britain Issues Western World’s First Sovereign RMB Bond, Largest Ever RMB Bond by Non-Chinese Issuer,” October 14, 2014, https: //www.gov.uk/government/news/britain-issues-western-worlds-first-sovereign-rmb-bond-largest-ever-rmb-bond-by-non-chinese-issuer.

2 London Stock Exchange, “Renminbi Bonds on London Stock Exchange,” May 2016, http: //www.londonstockexchange.com/specialist-issuers/debts-bonds/renminbi/rmb-presentation.pdf.

3 HM Treasury and The Right Honorable George Osborne MP, “Speech by the Chancellor of the Exchequer, Rt Hon George Osborne MP, at the City of London RMB Launch Event,” April 18, 2012, https: //www.gov.uk/government/speeches/speech-by-the-chancellor-of-the-exchequer-rt-hon-george-osbornemp-at-the-city-of-london-rmb-launch-event.

4 “HSBC Launching London’s First Offshore Yuan Bond” (press release), People’s Bank of China, April 19, 2012, http: //www.pbc.gov.cn/english/130721/2860119/index.html.

美国比分落后

同样的逻辑也适用于众多近期开放人民币业务的欧洲金融中心。人民币计价债券在卢森堡、巴黎和法兰克福发行，并在场外市场进行交易。卢森堡作为中国工商银行、中国银行和中国建设银行的欧洲总部所在地，占据了极具竞争性的位置。同时，法兰克福也是中国投资者进入欧洲市场的主要枢纽和切入点。而法兰克福和巴黎的优势在于与中国密切的关系。例如，德国企业现在可以同时参与人民币计价债券的在岸市场和离岸市场，戴姆勒（Daimler）是第一家在中国银行间市场发行债券的欧洲企业。[1]

另外，美国的风险要高得多。人民币直接与美元竞争，不断崛起的人民币隐含着地缘政治和商业含义。因此，美国没有可运营的人民币中心就不足为奇了。奥巴马政府没有为美国参与人民币市场做任何的准备。结果，虽然美国拥有全球最大的金融市场和一些大型银行，但美国在中国的境外离岸市场外汇交易中只占不到13%。美国的个人和企业可以在银行中交易人民币，包括中国的银行，但中国银行限制美国居民单日兑换的数额不能超过4 000美元（年度兑换额不超过20 000美元）。

美国没有涉入针对人民币战略的争论，并且在国际货币基金组织修订特别提款权篮子之前的几个月，美国尤为谨慎地避免公开讨论是否应该将人民币纳入特别提款权篮子。在英国拒绝加入中国主导的亚洲基

1 Weihao Cao and Gabriel Wildau, "Daimler AG to Launch First-Ever Bond Sale in China by Foreign Non-financial Company—Sources," Reuters, January 22, 2014, http: //www.reuters.com/article/china-bond-daimler-idUSL3N0KW1NY20140122.

础设施投资银行后，美国的政策制定者避免对此发表任何言论，以防让已经十分紧张的局势雪上加霜，或避免使用国会在“严打中国（China Bashing）”行动中所使用的内容（近年来，中国就货币国际化所做出的努力减少了美国政府的攻击，然而2015年人民币的疲软再次受到操纵货币的指控）。然而，在私下一对一的交谈中，我听说政策制定者们对两个问题表示担忧：一是中国企业允许使用离岸资金；二是中国人民银行近期向中国市场开放的渠道不充分。在他们看来，与中国货币当局合作在美国建立离岸人民币市场并没有意义，因为这会对美元构成直接的威胁，并可能引发美国政府强烈的反应，即使这对美元的影响可能非常小。

美国在人民币离岸市场的明显缺席为多伦多创造了机会（多伦多于2015年建立了人民币离岸中心和一家清算银行），多伦多成为美洲地区主要的人民币中心，其次是温哥华。中国是加拿大第二大贸易伙伴，因此与大多数经济体一样，加拿大将人民币国际化作为一个深化中国与加拿大双边经济关系的契机，并让其自身成为北美地区最重要的人民币金融中心。这样一来，参与中国的人民币市场不仅被视为一个外交政策问题，还被视为本地资本市场的机遇。

对战略的评价

人民币的全球扩张呈现出生机勃勃的态势，中国将一项小型的人民币试点计划发展为一个复杂的政策框架，并取得了巨大的成功。正如我在第6章所讨论的，人民币战略的主要目标之一是鼓励人民币的国际流通并减少中国对美元的依赖。中国的确在资本流动没有完全自由化的情况下，增加了人民币在国际中的使用。现在，超过20%的中国进出口贸易（价值约为1.65万亿元）使用人民币进行结算，[1]而2010年这一比例仅为2%，2009年为0。[2] 2016年3月，人民币使日元失去了国际十大结算货币中第四大结算货币的地位，占全球支付份额的2%；而大约两年前，人民币还排在第13位。[3]现在，人民币紧随美元，成为国际金融贸易中的第二大常用货币。人民币被用于国际金融贸易结算（信用证和托收）当中，比例从2012年1月的不到2%上升至9%。[4] 2015年年底，国际货币基金组织宣布将人民币纳入特别提款权篮子。

但是，人民币流通的增加并没有减少中国对美元的依赖。事实上，自人民币国际化进程开始以来，美元在中国官方外汇储备中的累积速度有所增加。2010年年底至2014年年底，中国的美元储备增加了50%，达到新的纪录4万亿美元（尽管随后在2016年3月由于资本流出和中国人民银行管理人民币汇率的需要下降了20%，减少到3.2万亿美元）。因此，中国实现了部分目标，但推动人民币发展为国际货币尚未帮助中国减少对美元的依赖。

中国人民币战略的其他目标包括消除汇率风险和降低交易成本、拓展区域贸易中人民币业务的范围，支持中国的“走出去”战略，发

---

1 这些数据为2015年第三季度的数据。

2 汤森路透Datastream数据库（2014）。但是，中国用人民币进行结算贸易的扩展速度已经放缓，在2014年3月达到6 620亿元的历史最高纪录。

3 “RMB strengthens its position as the second most used currency for documentary credit transactions,” SWIFT, January 26, 2015, https://www.swift.com/insights/press-releases/rmb-strengthens-its-position-as-the-second-most-used-currency-for-documentary-credit-transactions.

4 Figure for January 2015. “RMB Now 2nd Most Used Currency in Trade Finance, Overtaking the Euro,” SWIFT, December 3, 2013, http://www.swift.com/about_swift/shownews?param_dcr=news.data/en/swift_com/2013/PR_RMB_nov.xml.

展市场基础设施并拓展人民币市场。中国取得了这些目标的混合式成功。

人民币贸易结算制度为中国企业消除汇率风险和减低交易成本提供了途径。我们能够知道目前有多少人民币用于贸易结算，但我们却无法知道中国的贸易中以人民币进行标价和计价的确切数字。大部分中国企业仍然使用美元进行标价，即汇率风险仍然存在。而要衡量中国企业的交易成本是否下降十分困难，也许会出现这样一种情况，即由于人民币贸易结算制度对规章制度有严格的要求，可能产生额外的成本，反而增加了企业的交易成本（这在中国的政策实验中经常出现）。例如，申请该制度中的合格境外投资者资格需要2~4个月的时间，很多企业认为对此投入时间和财力进行准备是一项不必要的负担。

对于拓展人民币的使用范围并帮助中国企业走出去这一目标，中国所取得的成功是区域性的，人民币在贸易和金融交易中使用的增加都是在区域内实现了显著增长。七成的亚洲企业，包括韩国、印度尼西亚、马来西亚、新加坡和泰国，在过去三年都更加紧密地钉住人民币而不是美元。[1]这与中国作为东亚生产和投资中心以及区域供应链中心的地位相匹配。中国每年与周边国家展开商品价值约为1.4万亿美元的贸易。[2]中国22%的制造业贸易是与东亚国家进行的，而这一比例在1991年仅为2%。中国成为部分国家的第一大贸易伙伴。例如，越南贸易的

1 Arvind Subramanian and Martin Kessler, "The Renminbi Bloc Is Here: Asia Down, Rest of the World to Go ? " (Working Paper 12–19, Peterson Institute for International Economics, Washington, D.C., August 2013), https: //www.piie.com/publications/wp/wp12-19.pdf.

2 National Bureau of Statistics of China, "11–6 Value of Imports and Exports by Country (Region) of Origin/Destination," in *China Statistical Yearbook 2014* (Beijing: China Statistics Press, 2014).

20%是与中国进行的贸易，尽管与越南的贸易仅占中国贸易总额的1%，且越南对中国的贸易赤字还在继续增加。[1]中国规划了新的行动，如新丝绸之路（New Silk Road），也被称为“一带一路”，来帮助中国企业“走出去”并拓展人民币在国际上的使用。这些行动对中国的境外投资产生了显著的影响，在2016年前两个月增长率超过70%，总额达到300亿美元（其中，对新丝绸之路的投资增长了40%，达到20亿美元）。[2]

最后，虽然人民币市场迅速扩张，但人民币市场的规模和范围还非常有限。人民币市场的增长主要集中在香港。在香港，人民币贷款头寸占总贷款头寸的35%左右，即5 000亿元。而香港的人民币流动性头寸（银行存款）约为8 000亿元，其他的金融中心则远远落后。

总而言之，人民币是一种主要的区域货币。中国在区域内的贸易以人民币在大中华地区及其周边国家的流通为基础，为人民币离岸市场提供了吸引力。[3]因此，事实上，亚洲最终成为最大和最多元化的人民币离岸市场，包括中国香港、新加坡和中国台北，而其他地区或新兴国

1　贸易余额的差异主要源于每个国家生产的产品类型。越南的主要出口产品为原材料或低附加值的工业产品，如煤炭、原油、橡胶、海鲜和鞋类；相反，中国向越南出口的商品主要是高附加值的工业产品，如机械、医药和石油。

2　China Ministry of Commerce，“Brief Statistics on China's Non-Financial Direct Investment Overseas in January-February 2016，” http：//english.mofcom.gov.cn/article/statistic/foreigntradecooperation/201604/20160401297794.shtml. China Ministry of Commerce，“Investment and Cooperation Statistics along ‘One Belt and One Road’ Countries from Jan to Feb in 2016，” http：//english.mofcom.gov.cn/article/statistic/foreigntradecooperation/201604/20160401297830.shtml.

3　Jesús Seade，Ping Lin，Yue Ma，Xiandong Wei，and Yifan Zhang，“Hong Kong as an International Centre for China and the World”（draft，Department of Economics，Lingnan University，Hong Kong，July 7，2010）.

家的人民币市场的发展则缓慢得多。[1]到目前为止，人民币战略推动了货币的区域化——是“亚洲化”而不是国际化。

战略存在的问题

人民币战略的实施带来了一些意想不到的结果。例如，2011年，套利和投机大幅增加，迫使中国人民银行限制资本流入并积累了更多的美元。实际上，一些中国内地的企业将同时参与在岸市场和离岸市场的资格，转变为利用美元在两个市场的汇率差价进行套利的机会。从2011年起，中国内地的进口商可以从国内在岸市场不可兑换人民币与离岸市场可以自由兑换的人民币之间的汇率差价中获利。由于美元在离岸市场更加便宜，企业可以通过在离岸市场买入美元并卖出人民币获取利润。需求上升支持了人民币的使用，产生了人民币需求和人民币升值的怪圈：更多的资金流入导致人民币升值，而人民币升值从货币的“单向押注”中吸引更多的资金。中国人民银行不得不进行干预，吸收美元以维持汇率并保证有足够多的人民币来满足需求，因此其美元储备增加（2015年，人民币汇率走低遏制了这样的套利活动）。

CNY与CNH之间的汇率差价提供了市场隐含的货币压力。当一种货币的在岸利率高于对应的离岸汇率时，表明CNY有升值压力；而在岸利率低于对应的离岸汇率时，表明CNY有贬值压力。这些差价也是无效的资本控制所带来的结果，这种控制使在岸市场与离岸市场相分离，例如，在岸市场更高的汇率意味着资本流入没有被有效组织。结

---

1 “RMB Internationalisation: Perspectives on the Future of RMB Clearing”(white paper), 6, SWIFT, accessed December 9, 2015, http://www.swift.com/resources/documents/SWIFT_White_paper_RMB_internationalisation_EN.pdf.

果，资本流入无法平衡经常账户发生的变化。[1]

虽然中国努力地控制“热钱”（短期的投机性资本）流入中国内地，但企业却能找到规避限制的方法。人民币贸易结算制度为资金在香港和内地之间的流动提供了主要的合法机制：制度支持那些用于商品支付的资金流动，而不是基于投机目的的资金流动。但是，通过提高计价，企业可以暗中输入用于投机目的的资金。例如，一家向香港的分支机构销售商品的内地企业，可以故意提高出口时的报价以将更多的人民币转移到国内，这些报价高于正常交易的水平。一种常用的做法是提高难以估值的商品（如电子电路）的计价，然后将投机性现金转变为贸易货款，在经常账户下将美元兑换为人民币。因此，部分流入中国的资金是纯粹的投机资金，这些资金流入的目的是从汇率差价中获利，但伪装成了支付商品的资金，[2]尽管前者是违法的，而后者是合法的。

中国内地向香港的出口报价和香港向中国内地的进口报价，即所谓的报价缺口，可以用来估计伪装流入内地的资金。人民币贸易结算制度扩大的几个月之后，报价缺口在2012年第四季度达到高峰，用于进口结算的人民币数量比用于出口结算的人民币数量多12倍。即使假定说服进口商使用人民币比说服出口商更加容易，例如，获得更便捷的途径进入中国市场对很多外国企业来说非常有吸引力，报价缺口却仍然很大并且可以被2014年年底之前坚挺的人民币所解释。从那以后，差距

1 Yongding Yu, “How Far Can Renminbi Internationalization Go ? ” (Working Paper 461, Asian Development Bank Institute, Tokyo, February 2014) .

2 Gabriel Wildau, “Renminbi Fights Back as PBoC Intervention Subsides,” *Financial Times*, August 19, 2014, http: //www.ft.com/cms/s/0/e27b87c4-2775-11e4-be5a-00144feabdc0.html.

大大缩小，而这种缩小伴随着疲软的人民币。[1]

人民币战略实施以来的另一个缺点是，中国政府对离岸市场施加流动性控制。虽然，这对香港而言不是问题，但对伦敦和其他不属于中国管辖范围的金融中心而言是一种约束，而它们都计划加入人民币市场。当对人民币及人民币计价资产的需求上升时，如果不能响应并满足这种潜在需求，会让私人部门受挫。因此，中国的战略与私人部门的需求之间存在一种潜在的冲突。英国政府和英格兰银行的官方报告暗示了这些担忧，正如英格兰银行所指出的，“官方部门可能在边缘有发挥催化作用的余地，但是决定市场发展的关键决定因素将是私人部门能否识别并满足人民币计价证券的任何潜在需求。”[2]

超越离岸市场：自由贸易区

针对当前人民币战略存在的缺陷，中国必须寻找出路。正如我在第5章所讨论的，中国人民币战略设计的初衷是在向资本流动完全自由化的转变过程中暂时地发展人民币的国际用途。因此，离岸市场从来就不是一个永久性的解决方案。

事实上，早在2010年，中国货币当局就将离岸市场作为迈出人民币国际化第一步的暂时性措施。他们认为，资本账户的完全自由化最终会为货币提供吸引力，并使得离岸市场（至少政策性的离岸市场）不再

1 关于这一话题，参见Yongding Yu，“Revisiting the Internationalization of the Yuan”（Working Paper 366，Asian Development Bank Institute，Tokyo，July 2012）.

2 Chris Salmon，“Three Principles for Successful Financial Sector Reform”（speech，City Week 2012：The International Financial Services Forum，London，February 7，2012），7，http：//www.bankofengland.co.uk/publications/Documents/speeches/2012/speech545.pdf.

重要。

但很快我们明确地看到，中国没有做好开放资本账户的准备，对此我将在下一章中进行详细讨论。因此，自2010年3月中国的新一届领导人上任以来，中国启动了新一轮的政策实验来实现控制条件下的资本流动自由化，控制资金的流入和流出。这些政策超越了离岸市场所包含的内容，如经济特区。用韩博天（Sebastian Heilmann）的话来讲，经济特区是中国“分级制试验”的标志。[1]经济特区为中央政府和地方政府同时提供了一种检验政策的方式，这些政策针对制造业产品的进出口、土地拍卖、外商独资企业和劳动力市场自由化，并且帮助政府发现问题，在政策转变为大型项目并在全国范围推广之前进行调整。[2]

中国的第一批经济特区在20世纪80年代设立于广东、福建和海南。2007年，共有72个城市成为“经济体制综合改革试点”城市。[3]自由贸易区是近期增加的一种特殊的经济特区，是一项金融开放政策试验。2012年，深圳前海设立了一个自由贸易区，作为一个推动人民币国际化的金融中心。事实上，这项措施并不是很容易被理解，但它使得国内市场指定区域内和可控制条件下的资本流动实现了完全自由化。第二年，上海自由贸易区成立，为离岸市场之外的资本流动提供了更多的

1 Sebastian Heilmann, “Policy Experimentation in China’s Economic Rise,” *Studies in Comparative International Development* 43, no. 1 (March 2008): 23, quoted in Daniel A. Bell, *The China Model: Political Meritocracy and the Limits of Democracy* (Princeton, N.J.: Princeton University Press, 2015), 183. 邓小平将中国共产党的主要使命从实现共产主义转变为实现经济快速增长，而贝尔强调了一系列政策试验是如何帮助他实现这一转变的。

2 Bell, *The China Model*, 183–184.

3 Heilmann, “Policy Experimentation,” 8–9, quoted in Bell, *The China Model*, 184.

渠道。在政策推广到国内其他地区之前，这些区域为政府提供了对其进行测试的机会，基于国内金融条件调整配额，在中国资本账户完全自由化之前熟悉资本流动的管理。

通过自由贸易区和其他措施，如将两个证券交所连接起来的沪港通，中国找到了在离岸市场之外拓展人民币战略以及促进中国金融开放的多种方式。当然，所有的措施都向着一个目标前进，就像贸易结算制度和离岸市场那样，为资本流动的完全自由化铺平道路。

然而，这一点不再如此确定。在下一章中，我将考虑改革前进的方式，因为这对于中国金融的完全开放非常重要。实现中国资本账户的完全自由化是否必须要将人民币变为完全自由浮动的国际货币呢？随后，我将探讨中国的政策制定者与学者对这一问题的讨论。

9

管理才是关键

2012年5月，我在上海金融街参加了一次私人聚会。当时，政府在不久前宣布上海将在2020年成为国际金融中心。这项决定使人们为之振奋，并引发了激烈的讨论。需要落实哪些政策来发展上海的金融业务呢？尤其是在给主要竞争对手香港提供了如此受欢迎的税收制度的情况下，如何吸引和培育人才？更重要的是，为了使资本在海外市场的自由流入和流出便利化，资本账户需要以怎样的速度开放呢？这是国际金融中心的关键前提条件。

虽然中国政府没有给出上海的详细发展计划，但很多人都坚信，一个完善的金融中心需要完全可自由兑换的货币和开放的资本账户。这与2012年发布的《金融业发展和改革“十二五”规划》（2011—2015）相一致。[1]中国政府的目标是到2015年实现资本账户的“基本”可兑换，但仍然对短期债务和完全浮动的汇率制度加以限制。

因此，2020年是人民币成为完全可兑换国际货币的暗含期限。当时，上海很多经济学家和政策制定者都坚信，中国资本账户的自由化和人民币的国际化必须同步发展。例如，上海经济学家亚夫认为，不可能在不开放中国资本市场和不允许货币在资本账户下完全可兑换的条件下让人民币转变为成熟的国际货币。美国的分析师阿瑟·克罗伯（Arthur

1 Sheng Songcheng，来源：中国证券报·中证网（China is now at the stage to urther open up capital account）（staff paper，People’s Bank of China，Beijing，February 2012），http：//news.gxtv.cn/201202/news_7343571.html.

Kroeber）发表了类似的观点，尽管他承认，人民币在国际使用中的潜力有所增加，但他坚信，“人民币达到接近国际主要储备货币的地位（像美元或欧元那样）”是“极不可能”发生的。[1]同时，日本学者伊藤隆敏（Takatoshi Ito）强调，要使人民币“成为主要的国际货币”，中国必须“完全解除资本控制”。[2]

在上海的这次聚会中，中国人民银行的一名副行长明确表示，在开放资本账户的过程中，中国要加快银行业和金融业改革，使其与国际市场接轨。让资金流入和流出国内市场不仅被视为开放政策的一种自然结果，也被视为迫使中国银行和金融机构进行改革的方式，以使它们有能力参与国际金融市场的竞争。这是孤注一掷的时刻。中国加入世界贸易组织和朱镕基推动改革时所使用的概念在交流过程中被多次提及。我在随后其他问题的讨论中也听到了相似的内容。鉴于世界贸易组织的要求，国有企业转变为上市公司，其股份可以在股票市场中交易，这就是积极的动机可以推动改革的实例。

另外，对这种加速方式持反对态度的人认为，中国资本账户的开放应该是渐进而谨慎的。他们的理由是，金融业还没有做好准备，而允许银行和其他金融部门在新环境中生存的改革还需要时间。[3]

1 Arthur Kroeber，“The Chinese Yuan Grows Up—Slowly”（policy paper，New merica Foundation，Washington，D.C.，March 18，2011），2.

2 Takatoshi Ito，*The Internationalization of the Renminbi*（New York：Council on oreign Relations，2011），11.

3 例如，参见 Yongding Yu，“Revisiting the Internationalization of the Yuan，” ADBI Working Paper Series，No. 366，July 2012.

在任何一种情形下，以上两种观点都强调了金融业服务于实体经济的重要性，而不是实体经济服务于金融业。[1]早期的改革者在进行金融改革的同时也对实体经济进行了根本性变革，由于这样的历史原因和对近期金融危机反应的共同作用，中国领导层经常强调，金融应该只服务于投资和经济增长。因此，投机性金融被认为对中国金融业的发展没有作用，它们只包含短期目的和复杂的工具，有扭曲经济活动和引起波动的风险。

时间快进到2015年，即中国资本账户预期实现完全开放的年份，讨论的基调和重点有所改变。韩正指出，“资本项下可兑换不等同于资本项下完全自由兑换，这是两个概念。”[2]正如我将在下一部分所讨论的，这不再是孤注一掷而是有管理的可兑换，或者资本账户自由化的“中国模式”。货币当局可以在管理流入和流出的同时，为资金流动提供基础设施并使其便利化，并最终通过干预抑制不希望发生的和过度的活动。2015年4月，周小川指出，“正如国际货币基金组织建议的那样，当非常规的国际市场动荡或者国际收支出现问题时，各国可以暂时采取资本

1 Hu Xiaolian, “Hu Xiaolian: Successful Experiences of Further Reforming the RMB Exchange Rate Regime,” BIS eview 105/2010, Bank for International Settlements, July 30, 2010, www.bis.org/review/r100812d.pdf; Hu Xiaolian, “RMB Internationalization and the lobalization of China’s Financial Sector” (speech, Lujazhui Forum 2012: Reforming Global Financial Governance for Real Economic Growth, Shanghai, June 28–30, 2012), 127, http://en.sjr.sh.gov.cn/coverage/lujiazui/pdf/2012-forum.pdf.

2 Gabriel Wildau, “Authorities Are Taking a Cautious Approach to Shanghai Test round,” *Financial Times*, November 4, 2014.

控制的方法。”[1]

与早期的人民币战略不同，允许资本自由流入和流出中国市场不再是货币当局计划的一部分。在不改变汇率制度和将有管理的浮动汇率制度转变为完全自由浮动的汇率制度的情况下，中国无法实现资本账户的完全自由化，货币当局似乎更加谨慎和关注这一问题；否则，资金流入和流出将迫使中国人民银行更多地进行干预，在外汇市场上买入或卖出货币以维持汇率稳定。

最近，货币当局鼓励资本流出以释放汇率的压力，但资本流出比资本流入存在更多潜在的问题，正如当人民币在2015年下半年和2016年年初快速贬值时所揭示的情况，由于中国大额的家庭储蓄存款——据估计约有40万亿元，超过中国GDP的75%。储蓄者由于能够在海外国际市场中寻求更高的收益而将相对比例较小的储蓄转移到海外，如果实现了资本流动的完全自由化，这将产生重大的影响。此外，这还可能引发更多的资本外逃，反过来导致人民币大幅贬值，进而引发进一步的资本外逃。

但是，非常清楚的是，必须采取措施，同时金融抑制和汇率管制带来的代价超过了带来的益处。[2]银行主导、政府干预和金融抑制扭曲

1 “IMFC Statement by ZHOU Xiaochuan, Governor, People's Bank of China”（Thirty-First Meeting of the International Monetary and Financial Committee, International Monetary Fund, Washington, D.C., April 18, 2015）, https://www.imf.org/External/spring/2015/imfc/statement/eng/chn.pdf.

2 World Bank and Development Research Center of the State Council, People's Republic of China, “China: Structural Reforms for a Modern, Harmonious, Creative Society,” in China 2030: Building a Modern, Harmonious, and Creative Society（Washington, D.C.: World Bank, 2013）, 115-117.

了金融资源的分配，并导致了风险和失衡。[1]储蓄被调动起来，资本被分配到领导层认为对中国发展至关重要的部门和产业，无论它们是否是最盈利的部门和产业。储蓄者在国内的股票和债券市场面临着有限的可选投资渠道，而从银行存款中获取的收益非常低，与此同时，金融资源被分配到无法赢利的项目中。

中国金融业和银行业存在的扭曲现象不仅阻碍了人民币发展为国际货币，也阻碍了中国领导层将中国变为和谐的、高收入社会的雄心。习近平在2013年1月举行的中共十八届三中全会上，宣布了具有远大志向和宏伟改革的议程，在下一个十年进一步推动国家的经济发展，“经济发展就是要提高资源尤其是稀缺资源的配置效率……着力解决市场体系不完善、政府干预过多和监管不到位问题。”[2]

中国的领导层认为，资本账户自由化的过程应是循序渐进的，并且需要通过政策进行谨慎地校准（近期出现的波动性较高的时期，如2013年的“削减恐慌”，2015年夏季和2016年年初股票市场出现的动荡，使得中国货币当局更加谨慎），同时国内的银行和金融机构必须向更加强大、更加多元化和更加有弹性的方向改革。“十二五”规划强调，“稳步推进利率市场化改革，完善以市场供求为基础的有管理的浮动汇率制度，改进外汇储备经营管理，逐步实现人民币资本项目可兑

1 例如，价格控制扭曲了资源配置，而行政壁垒阻碍了私营企业进入众多领域——如服务领域，国有企业几乎完全控制了这一领域。

2 Xi Jinping, “Explanatory Notes to the ‘Decision of the Central Committee of the Communist Party of China on Some Major Issues Concerning Comprehensively Continuing the Reform’,” in *The Governance of China* (Beijing: Foreign Languages Press, 2014), 84. In November 2014, Keqiang Li, China’s premier, announced a ten-point plan for financial reform.

换。”[1]“十三五”规划重申了这一概念。

必要的改革数量众多且内容详细，其中，世界银行建议，进一步推进利率市场化，深化资本市场改革，健全法律和监管体制以确保金融稳定。[2]本章中，我将集中关注利率和汇率——两个人民币发展为国际货币的关键领域。改革的实施十分复杂，而金融抑制难以消除。理清阻碍金融和货币重大改革的复杂既得利益关系网十分具有挑战性，包括领导层内部和大型国有企业之间不同的势力集团。多年来，这个系统运行良好并保护了他们的利益，因而领导层破除该系统的真实决心还不确定。当处于经济和金融的考虑与政治因素相重叠，结果就是拖延和“黏性”。最终，改革的步伐非常缓慢。

为了使人民币发展成为成熟的国际货币，为了以更快的步伐在不同利益群体中推动金融改革，几年前实现这些目标的主要思路还是中国必须实现资本账户完全自由化。中国政府经常引用中国加入世界贸易组织的例子：推动一系列改革具有相当高的风险。

然而，就银行和金融部门而言，通过资本账户自由化来强制改革是不切实际并且危险的。周小川在2010年的一次讲话中指出，国有商业银行和其他金融机构之间存在着大量相互交织和重叠的利益，这些机构包括国有企业和省级政府，自上而下实施一种统一模式的改革非常困

1 参见 Chen Yulu，*Chinese Currency and the Global Economy*（Chicago：McGraw-Hill，2014），124.

2 更准确的内容是：（1）促进金融系统的完全商业化和合理化；（2）进一步促进利率市场化；（3）深化资本市场改革；（4）促进金融基础设施和法律框架升级；（5）加强监督和监管框架；（6）建立金融安全网并改善风险管理；（7）重塑政府的权力与责任。World Bank and Development Research Center of the State Council，“China：Structural Reforms，” 118–125.

难。[1]不同于中国为加入世界贸易组织做准备时所推行的改革，“放之四海而皆准”的自上而下的方式不适用于金融改革。

因此，逐渐明确的是，国内的改革必须先于资本账户的开放，这样一来，资本账户开放的时间就取决于国内改革的步伐，所谓的人民币国际化可以归结为这两项因素。因此，这是中国复杂的金融改革过程的组成部分，但不是主要驱动因素。在这种情形下，理解改革是理解人民币作为国际货币的未来最佳的方式。同时，由于国内的银行和金融体系改革需要相当长的时间完成，这些改革的步伐表明了人民币发展成为成熟国际货币的速度。

银行和金融体系的长征

银行和金融体系改革是中国由计划经济向市场经济转型的组成部分，虽然它是断断续续地展开，并不是一直向前发展。自改革开放以来，整个改革过程的主题就是为资本创造市场，这不仅是发展经济学的术语，即有效的资本配置如何支持经济增长，也是意识形态的术语。关于所有权和资本使用的争论，事实上触碰到了中国的基本冲突：“计划还是市场，中央集权还是效率，国有还是私有，平均主义还是经济增长，政党控制还是政府控制。”[2]

基于整个改革过程的复杂性，易于实施且短期内能够带来实际效

1 Zhou Xiaochuan, “Speech at the Annual Forum of Chinese Economists,” December 1, 2010, cited in Yang Jiang, “The Limits of China’s Monetary Diplomacy,” in *The Great Wall of Money*, ed. Eric Helleiner and Jonathan Kirshner (Ithaca, N.Y.: Cornell University Press, 2014), 160.

2 William H. Overholt, *The Rise of China*: *How Economic Reform Is Creating a New Superpower* (New York: W. W. Norton, 1993), 149.

果的政策，总是比难以实施但长期来看更有效的政策更具吸引力，前者又被称为“长在低处的果实”。当局必须非常小心地选择他们的战斗，并尽力推动更容易达到且看得见效果的改革，并获取开展全面改革的政治支持。一位中国人民银行的原副行长在一次私下交流中告诉我，自改革开放起，当中国的领导层和政策制定者开始实施市场导向的经济改革时，政策的关注焦点在于，短期内引进和实施的政策，以及能够以最好、最快的方式创造就业和促进经济增长的政策。中国转型为社会主义市场经济是十分勇敢的，而勇敢的行动并不简单。江泽民在与亨利·基辛格（Henry Kissinger）的谈话中提到，那些习惯于西方世界的人，会认为市场是一个平常的事物，但在1992年，在中国谈论“市场”是一件危险的事。[1]因此，让改变实际发生并服务于“经济的具体需求而不是意识形态的主题蓝图十分关键”。[2]这种实用主义的政策制定方式，是一个将过去30多年所引进的所有政策联系起来的共同主题。资本市场的发展服务于与资本的资源配置相关的具体问题：如何分配利润？如何为大型基础设施项目融资？如何调整货币政策以及控制价格上涨？

然而，这并不意味着单个措施以无计划的和漫无目的的方式实施；相反，它们遵循由领导层确定的共同愿景和政策导向，以及根据变化进行调整的机构或政策改革的方向，并在五年规划中予以明

1 Henry Kissinger，*On China*（London：Allen Lane，2011），485.

2 Overholt，*The Rise of China*，150. “For example，they let institutions like the bond market develop organically—and somewhat chaotically—then stepped in to regulate them when they felt they understood the needs of the economy and the options for regulation.”

确。[1] 1997年召开的中国共产党第十五次全国代表大会做出决定，取消针对私营企业的大量法律和经济限制，并允许银行向私营企业贷款，这是政策向私营企业倾斜，且出现重大方向改变和关键性转变的一个实例。2004年，国务院批准了一项宪法修正案来保护私有财产，赋予了“私有财产”与“公共财产”同等的法律地位。政策向着特定的方向调整通常意味着酝酿数年的改革开启了“绿灯”并将立即实施。例如，1999年也发生了这样的事情，当时，正在美国进行访问的朱镕基突然宣布中国将申请加入世界贸易组织的条款，而中国代表此前对这些条款表示反对。

无论是从政策角度还是从意识形态角度来看，向私有产权方式的改变集中体现了由完全依赖于国有和集体企业向混合经济或社会主义市场经济的转变。[2]在社会主义市场经济中，私营企业对促进增长、创新和就业发挥着重要作用。例如，私营企业就业人员比例发生了明显变化，现在，私营企业就业人口约为总就业人口的80%，而1998年该比例仅为58%。[3]与进一步压缩国有部门的政策一致，私营部门引领着银行和金融业的转型，逐渐从向境况不佳的国有企业提供政策性贷款的义

---

1 Yasheng Huang, *Capitalism with Chinese Characteristics. Entrepreneurship and the State*, Cambridge: Cambridge University Press, 2008: 145.

2 1992年年底召开的中国共产党第十四次全国代表大会，将市场社会主义（market socialism）的表述转变为社会主义市场经济（socialist market economy）。Edward S. Steinfeld, *Playing Our Game* (Oxford, England: Oxford University Press, 2010), 57.

3 中小企业就是“政府在意识的形态正确性与经济实用主义之间妥协”的例证。Michael Firth, Chen Lin, Ping Liu, and Sonia M. L. Wong, “Inside the Black Box: Bank Credit Allocation in China’s Private Sector,” *Journal of Banking and Finance*, 33 (2009): 1145.

务中解放出来。例如，深圳建立了一个为中小企业需求服务的金融中心，[1]尤其是那些经营制造业和高科技产业的企业，同时提供更多的金融多元化服务。

但是，这些措施没有显著改变资源配置的方式，因而也没有纠正资源配置的扭曲与失衡。总之，这些措施尚未断绝中国的政治领导层、国有企业和大型银行之间的密切联系，为了实现政府的政策目标，银行向国有企业提供金融资源（如第3章所讨论的）。因此，它们无法重新调整这种奇怪的组合：开放与金融抑制并存，鼓励私人投资与政府通过银行和金融系统持续引导和分配金融资源的能力并存。从这个角度来讲，这些金融和银行系统的改革远比将实体经济由计划导向转为市场导向复杂。

尽管如此，消除银行业和金融业存在的关键性扭曲，抑制信贷驱动的、盈利能力差的和亏损的投资，是中国经济恢复平衡的关键，并且这隐含着将人民币发展称为完全成熟的国际货币的重要步骤。目前，进行的利率改革和完善金融资源分配的行动，是实现中国的目标以及重新平衡中国经济的最明智的方式，重新平衡中国经济与习近平主席的目标一致，我将在本章的后续部分对此进行探讨。虽然政策当局采取了胆小而谨慎的方式，但这些是他们正在关注的改革。

改革利率

正如第3章所讨论的，中国货币当局将利率控制在固定的水平以实现其政策目标，而不是让利率反映信贷的有效需求和供给，中国的金融

1　Paola Subacchi，Helena Huang，Alberta Molajoni，and Richard Varghese，Shifting Capital：The Rise of Financial Centtres in Greater China（London：Chatham House，May 2012）.

抑制不仅是这种现象产生的原因，也是这种现象导致的结果。这导致资金错误地流向了不具有盈利能力的国有企业和其他具有政治关联的企业，使得私营企业获得金融资源更加困难。此外，多年来，资本的错配使得投资超过了消费，导致经济陷入不平衡的增长模式。最后，储蓄者（尤其是个人和家庭）从资金中获得的回报非常低，而影子银行承诺更高的收益，他们因而被引诱参与到不受监管的高风险投资活动中。

因此，如果中国希望完善国内市场的资本配置，支持私营企业的发展并给予储蓄者公平的回报，改革利率非常关键。换句话说，改革利率对于重新平衡中国的经济非常关键。同时，这也是将人民币发展为国际货币的核心要素。值得重申的是，一个具有竞争力的、流动性的和多元化的国内银行业和金融业对中国资本账户自由化来说十分重要。

政策方向是明确的：从以数量为基础的体系向更多以价格为基础的体系转变（目前是两者的混合）。以价格为基础的体系利用价格（如利率）来改变金融体系中可获得货币的数量，而以数量为基础的体系则在不考虑价格因素的情况下，改变金融体系中可获得货币的数量。以数量为基础的措施之一是准备金要求——银行必须在其储备金中持有的现金数量。通过增加或减少准备金，货币当局可以通过货币的扩张或紧缩效应来控制流动性。例如，2015年4月，中国人民银行将存款准备金率下调100个基点，以创造更多的流动性和抵消坚挺的汇率对出口以及增长的影响。

此类以数量为基础的工具模糊了货币政策的传递。在市场经济中，货币政策通过银行和金融体系发挥作用：利率的改变反映在商业银行的再融资成本中，而再融资成本反过来将这些变化传递给个人和企业。因此，货币政策的决定会对整个货币链产生影响，从批发的银行间市场到零售存款。但是，在中国数量和价格的混合体系中，多年来货币当局需要为商业银行提供利率低于存款利率的资金以确保它们能够盈利。这阻碍了货币政策的传递，使银行间利率（如隔夜利率或七天回购利率）[1]在引导市场利率和将批发资金导向零售资金时的有效性降低。

这种扭曲最终影响了经济中的借款成本。中国金融体系中银行的主导地位加重了这一问题，并进一步限制了利率变化在经济中的传递，这对个人和家庭的可支配收入产生了负面影响。[2]银行存款利率的自由化将改善储蓄的收益，带来可支配收入的增加进而支持消费需求。据估计，银行存款利率的自由化将使收入占GDP的比重增加4%~5%。[3]

目前，情况还不确定，改革正在进行中，但很多旧式的以数量为基础的系统特征仍然存在。例如，中国人民银行取消了对货币市场和债券市场的利率限制以支持银行间借贷。银行贷款利率和银行存款利率改革也有所进展，中国人民银行在2004年取消了所有的银行贷款利率上限（银行可以向高风险贷款者要求更高的利率）和所有的银行存款利率下限。然而，银行贷款利率改革早于银行借款利率改革并且以更快的速

1 在中国，银行积极地通过抵押回购交易在银行内部展开借贷活动。7天回购利率和3个月上海银行间同业拆放利率（Shibor）可对冲并可以反映货币市场的流动性和信贷条件，越来越普遍地被视为衡量银行间市场流动性的基准利率。

2 Wensheng Peng, Hongyi Chen, and Weiwei Fan, "Interest Rate Structure and Monetary Policy Implementation in China," *China Economic Issues*（Hong Kong Monetary Authority），no. 1/06（June 2006）: 1–13; Li-gang Liu and Wenlang Zhang, "A New Keynesian Model for Analyzing Monetary Policy in Mainland China"（Working Paper 18, Hong Kong Monetary Authority, 2007）.

3 David Hale, *China's New Dream: How Will Australia and the World Cope with the Re-emergence of China as a Great Power?*（Barton: Australian Strategic Policy Institute, February 2014）, 24, www.aspi.org.au/publications/chinas-new-dream-how-will-australia-and-the-world-cope-with-the-re-emergence-of-china-as-a-great-power/SR64_China-_Hale.pdf.

度发展。其原因在于，资本配置的突然改变可能严重扰乱了银行业，因此，货币当局决定保护银行的利润率，使其逐渐地而不是突然地暴露于更大的竞争面前。这种做法响应和强调了银行不断增加的担忧和抵抗。（这一过程开始时，一项由瑞士投资银行瑞银集团发布的研究发现，银行存贷款利差即使仅下降100个基点，也会吞噬所有的国有银行利润。[1]）2015年，中国工商银行董事长姜建清指出，“经济增速放缓和利率市场化都是抑制我们利润增长的因素。”[2]

2015年10月，中国人民银行发布了与存款利率相关的重要措施，表示将取消存款利率上限，而在这之前，中国人民银行先后颁布过一系列措施。2012年6月，货币当局允许银行支付不超过各种期限存款基准利率10%的利率。例如，如果银行的一年期存款基准利率为3%，那么银行最高可以提供的利率为3.3%。一年后，即2013年7月，货币当局进一步推动银行贷款利率的利率改革，允许银行设定低于中国人民银行基准利率的贷款利率。2015年5月，国务院赋予了银行更大的灵活性使其能够提供更加优惠的利率，并将银行存款利率上限提高到基准利率的1.5倍。此外，国务院还宣布了一项新的存款保险制度，覆盖企业存款和个人存款，上限为500 000元。中国人民银行的资金用于支持这项存款保险制度，以使银行之间提供更高利率的竞争不会让储蓄者的资金面临风险——虽然这产生了潜在的“道德风险”问题。存款保险制度是向

1 Jonathan Anderson, “The Sword Hanging Over China’s Banks,” UBS Investment Research, Asian Focus, December 15, 2006, quoted in Morris Goldstein and Nicholas R. Lardy, *The Future of China’s Exchange Rate Policy* (Washington, D.C.: Peterson Institute for International Economics, 2009), 49.

2 Lingling Wei, “China to Begin Deposit Insurance in May,” *Wall Street Journal*, May 31, 2015, http://www.wsj.com/articles/china-to-begin-deposit-insurance-from-may-1427794649.

银行存款利率最终自由化迈出的一步。

这些都是重要的步骤。利率改革是中国金融业升级的核心和向外部竞争开放的关键。更重要的是，利率改革对于将利率转变为一项有效的货币政策工具十分重要。例如，利率完全自由化之后，中央银行可以通过引导货币市场利率（如上海银行间同业拆放利率），来影响存款和贷款利率。为了像美国和欧元区的中央银行那样完全控制货币政策，中国人民银行需要放松对汇率或资本流动的管控（第4章）。但是，对于中国货币当局来说，放松二者之一——更理想的是放松对汇率的管控——被证明是十分困难的，我将在接下来的部分对此进行讨论。

改革汇率与中国对浮动汇率的担忧

汇率改革是中国更为广阔的金融改革进程中的另一个主要部分。这项工作已经进行了数年，谨慎地通过“自发的、渐进的和可控的过程”推动。[1]在第4章中，我考察了始于20世纪80年代的改革，这次改革中旧的体制被废除，即严重高估的汇率和严格的汇率控制，它们可追溯到20世纪50年代所采取的计划经济体制。通过1980—1995年的逐步调整，[2]汇率大幅下降，先后钉住美元和一篮子货币（以美元为主导）。虽然这个设有上限的有管理的汇率制度较好地支持了中国的发展，但它进一步固化了人民币的非国际化地位。

为了让人民币发展为成熟的国际货币，汇率制度需要改变。而改变正在发生，允许人民币汇率围绕中国人民银行所确定的汇率，以一

1 Hu，“Hu Xiaolian：Successful Experiences，” 5–6.

2 1980—1995年，人民币的实际有效汇率贬值了约70%。Goldstein and Lardy，*The Future*，24.

定的固定比例上下浮动，浮动的范围逐步扩大，2010年的浮动范围为0.5%，2012年为1%，2014年为2%。这种方法是为了克服货币的持续升值或近期货币的持续贬值所带来的根深蒂固的市场预期，从而创造双向的货币变动预期。通过扩大浮动范围和在外汇市场中进行干预，中国人民银行希望顶住压力并让市场的基本面来影响货币，如增长率、通货膨胀率以及国家的外部平衡。[1] 2015年，进一步改革，中国人民银行允许35家大型银行设定在岸外汇市场的开盘价。这样，中国人民银行放弃了部分的汇率管制，并让汇率更多地由市场引导，同时保持了在必要时进行干预的权力。

多年来，通过让汇率更加灵活和允许货币升值或贬值，中国货币当局拓展了可用于管理汇率并控制流动性和波动性的政策。实际上，更大的浮动范围意味着中国人民银行能够更好地适应经济的周期性变化。理论上，更大的浮动范围意味着中央银行不再需要为了管理预期而实施重大的市场干预——市场参与者了解到，人民币不再是一种单向押注。然而，在实践中，中国在汇率管理的问题上左右为难——那么，为什么这个体系仍然存在问题呢？

问题产生的部分原因是相互冲突的目标与相关的一系列政策——资本账户的自由化和创造离岸人民币市场。当资本能够便捷地流入和流出时，中央银行很难管理汇率并将其保持在预先设定的范围内。当市场存在上升压力时，有更多的资金流入或流出，管理汇率是一项令人生畏的艰巨任务——尤其是当市场决定测试货币当局维持汇率稳定的决心（或能力）时。中国在2015年8月和2016年1月经历了这样的压力，中国人民银行不得不干预外汇市场并买入人民币和卖出美元，以使汇率与每日

1 政府干预后的几周内，人民币对美元贬值了1.5%，并且在2014年7月出现了几次大幅下跌。

的固定价格相一致。而两种汇率的存在为外汇套利和利差交易创造了机会，一种是在岸市场人民币汇率，另一种是离岸市场人民币汇率。如果预期不一致，一种人民币汇率高于另外一种，那么投机活动就会对金融稳定产生相当大的风险。2016年1月，由于对在岸市场的干预，在岸市场人民币汇率与离岸市场人民币汇率之间的差价达到自2011年9月以来的最大值，在岸市场人民币汇率为1美元兑6.52元，而离岸市场人民币汇率为1美元兑6.65元。[1]

在没有改革汇率的情况下，开放资本账户还会带来其他问题。一是无论国内经济的状况如何，都存在着要让国内市场利率与国际利率水平一致的压力，以避免过度的资金流入和资金流出。因为中国国内市场的货币吸收能力低于更加多元化的国际资本市场，存在由于通货膨胀迅速上升的压力和资产价格泡沫（如房地产市场）带来的重大风险。

最后，汇率管理政策的成本很高。正如我在第5章所讨论的，汇率管理可能导致美元在外汇储备中大量积累，带来相关的成本与风险，或者在必要时进行干预以支撑汇率时，导致美元的大量损耗。转变为完全浮动的汇率制度将避免为了保持汇率与政府的政策目标一致而对外汇市场进行的干预。

基于所有这些有管理的汇率制度是次优的理由，为什么放弃有管理的汇率制度而转向完全浮动的汇率制度还存在如此多的阻碍呢？首先，政府关心货币的稳定。人民币期望成为关键国际货币，而一种关键国际货币需要足够稳定，以使外国投资者认为它具有储藏价值并持有。

1 "Spread Between Onshore, Offshore Yuan Widest Since September 2011," Reuters, January 5, 2016, http: //www.reuters.com/article/us-china-yuan-idUSKBN0UJ0PG20160105.

其次，政府担心完全浮动的汇率制度会使人民币过于坚挺并因此削弱中国出口的竞争力。因此，保持人民币的升值潜力存在政治压力，尤其是在经济增长放缓和对中国的出口需求减弱时。

这些理由无法解释人民币汇率非常接近均衡水平的事实。在中国2015年下半年的市场震荡发生之前，国际货币基金组织在“中国2015年度第四条款磋商”中指出，人民币只是被“适度低估”。[1]这意味着，如果人民币成为完全浮动的货币，它将很快达到均衡水平并实现围绕中间价格双向浮动，无须进一步的干预和外汇储备积累。这是一个减小金融不稳定风险的充分必要条件。

中国人民银行苦于控制人民币的市场压力——同样的力量总是以破坏新兴市场货币的结局告终，并且不得不进行多次干预以稳定市场。但是，升值的趋势被逆转，现在更多的资金朝着相反的方向流动。2014年，中国向外流出的外商直接投资首次超过了向内流入的投资。同年12月，国内银行的外汇购买下降了1 180亿元，这是历史记录中最大的一次下降，资本流出非常大——整个2015年，约有6 760亿美元流出中国。[2]

此外，和其他新兴市场经济体一样，由于美国货币政策的预期变化在2014年年底开始具体显现（2015年年底宣布利率增加0.25%），中国感受到了美元走高的影响。这与欧元、日元和新兴市场货币在同期下

---

1 IMF, “People’s Republic of China 2015 Article IV Consultation,” IMF Country Report No 15/234, August 2015, https: //www.imf.org/external/pubs/ft/scr/2015/cr15234.pdf.

2 Report published by the Institute of International Finance but not publicly available. See Shawn Donnan, “Capital Flight from China Worse Than Thought,” *Financial Times*, January 20, 2016.

跌的间接效应相叠加。全球金融危机将国际货币推向了新兴市场经济体，特别是巴西、土耳其和印度，增加了这些国家货币的价值。但是，美国货币政策转变的预期和美国利率的实际上升——伴随着欧洲和日本中央银行的量化宽松政策，改变了这一局势。

资本控制使中国部分地与其他资本流动相隔离。自2015年以来，人民币的大幅贬值和货币当局在维持汇率稳定的过程中遇到的困难，证明了完全取消控制可能引发的问题。资金的流出和对汇率的影响可能更大。正如我所讨论的，对冲干预不仅是一种管理汇率的方式，也可以控制过度的流动性和利用大量无法被市场吸收的资金流入。因此，为了将汇率维持在浮动范围内而吸收或释放流动性，被作为一种政策工具来使用，是逐步开放资本账户的一种补充。

随着人民币成为“正常”货币，并获得了更多的灵活性，中国人民银行干预外汇市场的压力越来越小。在理想的情况下，中国可以采用完全浮动的汇率制度或采取浮动范围更大的汇率制度（如围绕中间价格上下浮动10%），例如，印度和南非就已经采用了这种制度。

因此，不同于同时进行汇率管理和资本账户开放，中国人民银行应该只管理后者。随着中国企业和个人通过有管理的开放制度更多地参与到全球金融市场中，资金流入和流出的压力将非常稳定，使人民币更少地发生结构性升值或贬值。因此，虽然使用完全浮动的汇率制度优势非常明显，但管理汇率的政策与管理资本流动的政策联系如此紧密，二者必须同时予以考虑。因此，讨论中国政府是否会开放资本账户（如果会，如何开放），是理解和预测政府如何处理汇率管理的最佳方式。

有管理的可兑换

我们已经考虑了银行业、利率和汇率管理方面的改革，这些对于人民币最终在国际上取得成功十分关键。但是，这些改革都非常复杂并且需要时间，而中国还没有完全做好准备来承担这些，这一观点被中国领导层间接地承认。2015年4月，周小川在国际货币基金组织的一次讲话中，阐明了政策方向，证实了在2012年年底领导层换届之时就产生的一个观点：为了控制和规避风险，中国银行业和金融业的开放必须是循序渐进的、可控的、审慎的和不断校准的。因此，中国将继续推进金融自由化，尤其是资金流出的自由化，但不急于求成，要以与国家发展、经济政策目标和金融稳定相一致的步伐推进。换句话说，中国政府将努力确保中国企业和个人能够通过纳入国外资产使投资组合变得多元化，但同时避免与政策目标产生冲突或削弱实体经济的需求。有管理的可兑换性的缺点在于，只要货币当局保持对汇率一定程度的控制，它就会使国内金融改革进展不那么紧迫（但不是缺乏重要性）。

周小川在2015年国际货币基金组织的讲话中，重申了取消中期和长期资本流动限制以支持实体经济的重要性。根据国际货币基金组织的数据，40个资本账户项目中只有5个项目仍旧不可自由兑换。与这一评估一致，周小川指出了4种中国货币当局将继续维持资本账户不可自由兑换的情形。[1]第一种情形，涉及洗钱和恐怖主义活动的跨境金融交易，

---

1 "IMFC Statement by Zhou Xiaochuan，Governor，People's Bank of China"（Thirty-First Meeting of the International Monetary and Financial Committee，International Monetary Fund，Washington D.C.，Apirl 18，2015），5，http：s/www.imf.org/External/spring/2015/imfc/statement/eng/chn.pdf.

这与国际惯例相一致；第二种情形，涉及管理对外债务规模的交易，同样地，对于中国这样的新兴市场经济，这是一项没有争议的政策，因为中国发现以人民币进行借款非常困难；第三种情形，政府将在适当的时机对短期投机性资本流动进行管理；第四种情形，政府将监测国际收支平衡表中的统计数据，以使在国际市场出现异常波动时，有能力采取临时性资本控制措施——这与国际货币基金组织近期的政策转变相符合，即“包容的、灵活的和平和的资本流动管理方式”（换句话说，当资本流动对金融稳定构成重大风险时对其进行管理）。[1]

总之，这些措施构成了一种有管理的可兑换政策，它合情合理并反映了全球金融危机之后资本流动管理方式的变化。多年来，国际货币基金组织一直提倡金融自由化并对资本管控深恶痛绝，但他们也意识到，不受约束的国际资本流动是不稳定的根源，也是金融危机的导火索。[2]对于中国的政策制定者而言，这种远离完全自由化的思考方式的转变，与中国在政策制定过程中的渐进主义相融合，同时为中国的改革争取了更多的时间和空间。在中国的银行业和金融业尚没有做好准备让资金不受约束地流入和流出时，有管理的可兑换反映出了对金融改革的可能性更为准确的评估。中国货币当局在适应波动较大的资本流动对金融稳定造成的风险，尤其是与中国一样对汇率进行管理的国家带来的风险。大量的国际经验显示，采用有管理的浮动汇率制度和资本账户自由化的国家更容易面临危机，因此，保持资本流动的控制（或有管理的可

1 “The Liberalization and Management of Capital Flows：An Institutional View，” International Monetary Fund，November，14，2012，http：//www.imf.org/external/np/pp/eng/2012/111412.pdf.

2 同上。

兑换）似乎是一种明智的选择。[1]同样地，改革利率和消除国有银行和国有企业之间的联系也应当与这些总体政策目标相适应，而不是单独解决。

这种政策转变对于人民币而言意味着什么呢？为了扩大人民币在国际贸易和金融中的使用范围，中国政府将继续依靠这些支持中国人民币战略的措施和制度（正如第5章所讨论的），同时作为对新方向的探索测试，他们也会拓展这些制度。韩正在接受《金融时报》采访时进一步对近期设立的上海自由贸易区进行了解释，他认为关键目标之一，是在良好的风险控制下，允许自由贸易区内的合格个人投资者以渐进合理的方式开放资本账户。[2]例如，上海自由贸易区的投资者（包括中国投资者和外国投资者）享有更大的自由度，他们可以将资金转入或转出，投资股票和债券等金融资产以及房地产等实物资产。中国政府使用类似的制度来检验在可控条件下中国开放国内金融业的方式。

对于中国货币当局而言，资本账户完全自由化不再被认为是将人民币发展为成熟国际货币的必要步骤。中国将继续推进与政策目标和目前所遵循的战略相一致的人民币国际化。这一战略曾经被认为是暂时性

---

1 Eswar Prasad, Thomas Rumbaugh, and Qing Wang, “Putting the Cart Before the Horse ?: Capital Account Liberalization and Exchange Rate Flexibility in China” (Policy Discussion Paper 05/1, International Monetary Fund, Washington, D.C., January 2005), https://www.imf.org/external/pubs/ft/pdp/2005/pdp01.pdf; Hongyi Chen, Lars Jonung, and Olaf Unteroberdoerster, “Lessons for China from Financial Liberalization in Scandinavia” (Economic Paper 383, European Commission, Brussels, August 2009), http://ec.europa.eu/economy_finance/publications/publication15805_en.pdf.

2 Lifen Zhang, “China to Ease Cross-Border Capital Path,” *Financial Times*, November 16, 2014, www.ft.com/cms/s/0/d66a9ce2-6d78-11e4-bf80-00144feabdc0.html#axzz3y2rxKotg.

的，但现在看来更具有持续性。事实上，近年来该战略下的一系列措施在规模和范围上变得更加广阔。2010—2015年，中国的人民币战略集中在中国香港和离岸市场。中国将香港作为一块试验田，检验人民币相关的政策和放松资本流入和流出中国内地的限制，这极大地减轻了中国政府的压力并为资本流动提供了安全保障，尤其是资本的流出。然而，从2014年起，新的政策开始被纳入政策框架中，如上海自由贸易区。现在，人民币战略以及中国的金融开放似乎已经超越了离岸市场，向更广阔的空间拓展。

10

“中国元”的时代

40年前，中国对于外国人来说是一个不可思议的迷。[1]那时候，人民币“在大部分区域是不可交易和不可兑换的”，[2]美国代表团成员在对中国进行大量走访后，在撰写国会报告时补充道，“严格的外汇管制即使没有让以人民币结算的实际贸易变得完全不可能，也会让它变得极其困难。”[3]时至今日，由于人民币有限的可兑换性，很多西方的政策制定者和经济学家并没有将人民币视为成熟的国际货币。2015年，美国财政部部长杰克·卢（Jack Lew）明确表明：“如果中国希望人民币逐渐成为一种国际货币，那么下一个非常自然的步骤是中国经济的自由化和改革，中国需要成功地完成艰难的基础改革，如资本账户自由化、汇率更加市场化、利率自由化和金融监管进一步加强等。”[4]

正如我在全书所讨论的，中国的银行和金融体系改革是中国经济

1 *China*：*A Reassessment of the Economy*：*A Compendium of Papers Submitted to the Joint Economic Committee*，*Congress of the United States*（Washington，D.C.：U.S.Government Printing Office，July 10，1975），iii.

2 同上，659。报告指出，“虽然外国居民可以持有人民币且可以将人民币兑换（符合一定条件）成外币，但他们的人民币账户必须在中国开户，而且交易对象只能是外国企业和中国银行。”

3 同上。报告还指出，“由于中国在国际贸易中使用人民币并允许‘西方企业’在代理行持有人民币账户。”

4 Jack Lew，“Remarks on the International Economic Architecture and the Importance of Aiming High”（speech，Asia Society Northern California，San Francisco，March 31，2015）.

转型成为国际金融主要参与者的关键一步，而将人民币发展成为国际货币在这项计划中发挥着重要作用。

中国的领导层意识到了改革的重要性。众所周知，为了为资本流动的完全自由化提供基础条件，这些改革必须循序渐进地进行，而资本流动的完全自由化也是发展人民币的关键因素。对于其他国家来说，具有以流动性和开放市场为基础的金融业是巩固货币国际地位的前提条件。[1]中国如果选择了这条路线，则需要用很长的时间来使人民币成为成熟的国际货币。然而，中国的领导层正在挑战这一方式，默认人民币不需要遵循其他主要国际货币的发展路径，如英镑和美元。

中国货币当局或许是正确的。毫无疑问，自2010年人民币战略启动以来，人民币取得了良好的进展，极大地增加了人民币在国际中的使用。2015年11月，国际货币基金组织将人民币纳入特别提款权篮子是中国货币的转折点。虽然国际货币基金组织的决定巩固了人民币的地位并认可其未来的潜力，但它也强调了一个事实，即人民币与篮子里的其他货币截然不同，而人民币所取得的发展主要是区域性的。

人民币接下来会怎样呢？它是一种区域货币还是国际货币？它是可兑换的还是不可兑换的？它是完全可使用的还是不可使用的？进入特别提款权篮子意味着人民币已经为“上演大戏”做好准备了吗？中国的货币会替代美元成为主要的国际货币吗？如果是，什么时候发生？国际货币体系会变成什么样子？说得更广泛一些，全球经济治理会变成什么样子？

1　关于这一点，还可以参见 Eric Helleiner and Anton Malking，“Sectoral Interests and Global Money：Renminbi，Dollars，and the Domestic Foundations of International Currency Policy，” *Open Economies Review* 21：February 1，2012，p. 41.

人民币是哪一种货币

人们有这样一种感觉，人民币似乎就在这里，它将最终成为世界经济和国际金融的主要参与者——正如国际货币基金组织总裁克里斯蒂娜·拉加德的评价：“这不是是与否的问题，而是时间的问题。”[1]我认为，人民币事实上是一种正在发展的国际货币，但它是否是一种合格的成熟的国际货币呢？为了回答这个问题，让我们考虑以下两个方面：用途（人民币是否全部承担了国际货币的三种用途：支付手段、计价单位和贮藏价值）和范围（货币的地理覆盖范围）。[2]

在用途方面，人民币在跨境贸易结算中使用的增长幅度远远大于人民币计价资产需求的增长幅度。正如我所说的，人民币在中国的贸易结算中所占的比例超过20%，同时是全球第四大支付货币，占全球贸易支付的2%[3]（美元和欧元分别占45%和27%）。因此，从国际货币的第一种用途，即支付手段用途来看，人民币取得了不错的成绩。

但是，用人民币进行结算的贸易中有多少是以人民币进行标价的，我们尚不清楚。一般来讲，贸易以哪种货币进行结算就用哪种货币进行

1 Speech at Fudan University in March 2015. “IMF's Lagarde says inclusion of China's yuan in SDR basket question of when,” Reuters, March 20, 2015, http://uk.reuters.com/article/uk-china-imf-idUKKBN0MG0YJ20150320

2 Benjamin J. Cohen, *The Geography of Money*, Ithaca: NY, Cornell University press, 1998.

3 相反，美国95%的出口和85%的进口都是以美元计价。Linda S. Goldberg and Cédric Tille, “Vehicle Currency Use in International Trade,” Federal Reserve Bank of New York Staff Reports, Staff Report no. 200 January 2005, p. 19. However, the majority of products using the dollar for reference pricing are traded via organized exchanges outside the U.S. market.

标价或计价，但人民币似乎不符合这样的情形。由于贸易标价数据没有被常规性地收集，且更重要的是，这些数据不会被常规性地披露，数据无法较为便利地获得。坊间证据显示，大部分中国贸易是以美元计价的，在2014年的一次研讨会上，一位中国人民银行的官员提到，用人民币进行结算的贸易中仅有一半是以人民币计价的。[1]如果这是真的，那么人民币的计价单位用途成绩不佳。

在贮藏价值方面，尽管由于第二轮人民币战略的实施，非中国居民对人民币计价资产的需求有所增加（例如，2014年，外国投资者持有国内债券的比例比2013年增加了68%），[2]但是人民币计价资产的市场仍然有限。资本账户有管理的可兑换和为了打击投机者而对资本流入和资本流出施加的烦琐规则，使得外国投资者难以获得相对安全和具有流动性的人民币资产，甚至难以开立人民币账户。非中国居民在离岸中心（主要是中国香港）持有的人民币存款总计1.8万亿元，大约相当于在岸市场人民币存款的1.5%。与国际银行中以美元、欧元、英镑和日元计价的贷款相比，离岸市场的人民币贷款非常少（约1 880亿元）。[3]同时，虽然人民币离岸债券市场大幅扩张（尤其是在2012—2014年平均

1 SWIFT RMB Tracker, April 2016, https://www.swift.com/our-solutions/compliance-and-shared-services/business-intelligence/renminbi/rmb-tracker/document-centre#topic-tabs-menu.

2 James Kynge, "Renminbi Tops Currency Usage Table for China's Trade with Asia," *Financial Times*, May 27, 2015.

3 根据渣打银行的数据，2014年9月月底，全球银行以美元计价的负债为120万亿美元，以欧元计价的负债为等值7.6万亿美元，以英镑计价的负债为等值1.4万亿美元，以日元计价的负债为等值7 030亿美元，以人民币计价的负债为等值300亿美元。Standard Chartered research, Special Report, "Renminbi Internationalisation—The Pace Quickens," June 10, 2015.

增长了30%），但它仅占全世界总额的0.5%，远远落后于美元计价债券（40%）、欧元计价债券（41%）和日元计价债券（2%）。

目前，全球有超过60家中央银行在外汇储备中持有人民币，包括智利、尼日利亚、马来西亚、泰国、印度尼西亚、日本和韩国。人民币在全球中央银行持有的外汇储备中占0.6%~1%，[1]这是一项非常积极的进展。但是，这样的数量仍然很少，尤其与美元和欧元相比，美元和欧元在官方储备总额中所占的比例分别为62%和23%。

现在，我们来看第二个方面——范围。正如我在书中所讨论的，相较于其他地区，人民币在亚太地区的使用更多。近90%的人民币支付（从价值角度）在区域内部发生（以及通过离岸市场实现），中国香港拥有最大的份额，大约占72%。[2]人民币在亚太地区的使用在过去3年增长了3倍，超过了日元、美元和港元。人民币在中国（包括中国香港）与其他地区支付中使用的比例从2014年的24%上升到2015年7月的33%。[3]人民币的增加以美元的减少为代价，2015年4月，美元在支付使用中的比例从2012年4月的22%下降到12%（日元和港元也被替代，但幅度较小）。目前，新加坡、韩国以及中国台湾在与中国大陆的大部分贸易中都使用人民币。2012年，26个国家（地区）中有19个国家（地区）

---

1 同上。

2 2016年4月数据。SWIFT Insight，“UK Jumps Ahead of Singapore as the Second Largest Offshore RMB Clearing Centre，” April 28，2016，https：//www.swift.com/insights/press-releases/uk-jumps-ahead-of-singapore-as-the-second-largest-offshore-rmb-clearing-centre.

3 SWIFT Insight，“South Korea and Taiwan use the RMB for the majority of payments with China and Hong Kong，” September 1，2015，https：//www.swift.com/insights/press-releases/south-korea-and-taiwan-use-the-rmb-for-the-majority-of-payments-with-china-and-hong-kong.

都是人民币的"低频使用者"——人民币在与中国的贸易中的使用比例不到10%；而现在，仅有9个国家（地区）是"低频使用者"。

在亚太地区之外，人民币最大的使用者是英国，占支付总额的5%；其次是美国，占支付总额的3%。这并不令人惊奇，这两个国家拥有世界上主要的金融中心——伦敦和纽约。二者的区别在于，伦敦是人民币的离岸市场，而纽约不是。人民币的使用在欧洲其他国家也有所增长，如德国（与中国有密切的贸易联系）和法国，但这两个国家使用人民币进行支付的比例还非常小，法国刚刚达到1%，而德国仅为0.5%。欧盟与中国的双边贸易很可能在未来10年增长近1.5倍，达到6 600亿欧元，这将增加人民币在贸易结算中的使用（2024年，在欧盟与中国的双边商品贸易中达到40%）。[1]

尽管这些成就显示，中国的人民币战略发挥了作用，但是第一轮战略（将人民币用于贸易结算）比第二轮战略（将人民币发展为非本国居民愿意持有的投资工具、资产）更加有效，这体现在人民币有限的用途中。同时，人民币的地理覆盖范围也是有限的。在人民币战略启动5年多以后，人民币本质上还是一种区域货币而不是国际货币。

中国的雄心壮志

正如我在书中所讨论的，一国的货币代表了该国的地缘政治实力，"强大的国家拥有强大的货币"。因此，人民币的国际化有着在国际贸

1 Syetarn Hansakul and Hannah Levinger，"China-EU relations：Gearing up for growth，" Deutsche Bank Research，July 1，2014，p. 1，p. 10，https：//www.db.com/specials/en/docs/China-EU-relations.pdf.

易和金融中“自由使用”之外的隐含意义。[1]尽管中国政府尽力不想过多地引起人们对人民币战略的关注，但人民币的崛起还是在中国成为公众讨论的一部分。对人民币发展的自豪与中国对经济和金融的民族自豪感密切相关。

在广受欢迎的主流媒体的描述中，这一切就些像大卫（David）与歌利亚（Goliath）的故事：人民币是一个年轻的孩子，与强大的巨人美元进行战斗。从跨境贸易结算制度发布以来，中国媒体向公众广泛宣传这个故事，而中国政府却扮演着带有平淡期望的相反角色。例如，2010年8月，《人民日报》预期“我们拥有一个光明的未来”。几周后，一篇更加自信的文章发表在《金融时报》上。汇丰银行中国首席经济学家屈宏斌认为，人民币战略可能成为“一场史诗般的金融革命”的开端。他认为，如果要在21世纪为作为全球储备货币的美元寻找一个对手，那么这个对手只能是人民币。[2]同时，中国主要的报刊之一《中国日报》（*China Daily*）在一篇社论中使用了更为严肃的口吻：“人民币的国际化是过去十年所显示的中国异常强大的经济增长所产生的自然延续。”[3]这一观点得到了时任国家外汇管理局科技司司长刘光溪的回应，他认为，尽管没有确切的时间表，但人民币的国际化会在不久的将来实现。[4]

1 可自由使用是2010年国际货币基金组织审查特别提款权篮子时所制定的标准。IMF，“Review of the Special Drawing Right (SDR) Currency Basket,” April 6, 2016，https://www.imf.org/external/np/exr/facts/sdrcb.htm.

2 Qu Hongbin，“Renminbi Will Be World's Reserve Currency,” *Financial Times*, November 10，2010.

3 Editorial：“Timely Move,” *China Daily*，June 24，2010，http://www.chinadaily.com.cn/opinion/2010-06/24/content_10011970.htm.

4 “Internationalization of RMB Foreseeable：Expert,” *China Daily*，December 8, 2010，http://www.chinadaily.com.cn/bizchina/2010-12/08/content_11669825.htm.

2010—2014年，由于人民币的升值，人们对人民币的预期进一步增强。随后，当国际货币基金组织授予人民币精英货币之一的称号时，中国媒体欢呼雀跃（即使人民币正在贬值）。《中国日报》写道，“很难高估这一决定的重要性，这是对中国在全球经济中不断上升的地位以及在国际金融体系的发展中取得的重大进步的里程碑式的认可。”[1]

官方媒体和大部分公众认为，随着人民币被纳入特别提款权篮子，人民币也上升到了与美元相同的地位，因此中国也上升到了与美国相同的地位，在经济和金融事务中代表着相同的影响力。《中国日报》重申，“没有人民币的加入，特别提款权篮子的代表性和国际货币基金组织的合法性应当受到质疑。”[2]对于很多中国人来说，将他们的货币变为与美元对等的货币是民族的骄傲。国务院发展研究中心研究员吴敬琏则表达了一个共同的观点，他指出，中国“应当尝试提高人民币的影响力”。

尽管中国的领导人表现得更加谨慎少言，但他们十分欢迎国际货币基金组织的决定（虽然是以一种谨慎的方式来表示欢迎）。中国人民银行将此称为“对中国经济发展、改革和开放的一种认可”，并进一步指出，中国将继续深化和加速经济改革和金融开放，致力于推动世界经济增长、维护金融稳定和改善全球经济治理。[3]

对于中国政府而言，将人民币纳入特别提款权篮子证明了多年来中国取得的成就，也是人民币不断增加的国际需求的一种正式认可。但

1 “Yuan and SDR：A Welcome Change for China and World,” *China Daily*，December 1，2015，http：//europe.chinadaily.com.cn/business/2015-12/01/content_22596512.htm.

2 同上。

3 “PBC Welcomes IMF Executive Board’s Decision to Include the RMB Into the SDR Currency Basket”（communiqué），People’s Bank of China，December 1，2015，http：//www.pbc.gov.cn/english/130721/2983967/index.html.

是，他们也非常清楚，未来五年对于巩固和提升人民币作为国际货币的地位，以及缩小与其他“大国”货币之间的差距非常关键。易纲在2015年指出，“人民币的重要性已经确立，它将发挥更大的作用，尤其是在我们的邻国和‘一带一路’沿线国家中。”[1]

国际货币基金组织的决定标志着人民币战略第一个五年的结束，那么是时候试问，中国是否会继续使用这种双管齐下的方法——贸易结算和离岸市场，来推动人民币的国际使用？换句话说，中国领导层在2020年的目标是什么呢？同时，人民币能够达到预期目标吗？

中国新一代领导人对人民币的雄心壮志发生了较大的转变，人民币稳步发展为关键区域货币不再是一个令人满足的目标。随着中国在地缘政治中变得更加自信、更加进取，现在人民币的目标是在国际货币体系中获得一席之地。

中国政府将打破美元的主导地位，为进口商、出口商、投资者和储蓄者提供更多的选择，并将此作为迈向更加均衡、更加稳定的国际货币体系的一步。[2]人民币战略是由经济实用主义驱动的，至少在中期是这样，为了避免美元的缺陷，人民币需要拥有更加多元化、更具流动性的国际货币体系。同时，人民币战略也由不断推进的中国经济改革驱动。这是为人民币在国际市场中的使用建立基础的一种方式。

---

1 引自 Lucy Hornby，Tom Mitchell，and Jennifer Hughes，“China Pledges No More Renminbi ‘Sudden Changes’ After IMF Decision on Currency，” *Financial Times*，December 2，2015. New Silk Road countries are those on the New Silk Road across Eurasia.

2 很多政府官员都向我表达了这一看法，但是没有官方文件正式提出这一战略。

因此，人民币替代美元占据货币金字塔的塔尖地位[1]似乎并不是中国日程中的首要目标——在美元主导的规则下，这是明智的。中国政府也不愿意放松汇率控制，与实现更大的汇率灵活性相比，维持中国出口的竞争性似乎是政策安排的首要目标，而与之相关的风险将会使人民币变得过于强劲。但是，一种希望在国际上发挥关键作用的货币，无论汇率对出口竞争力的影响如何，都必须保持强劲和稳定，才能发挥价值储藏的作用。

国内和国外的部分评论员认为，人民币的政策是一项长期过程的开始，它最终会将中国的货币变成美元的竞争者，甚至取而代之。美国学者阿文德·萨勃拉曼尼亚（Arvind Subramanian）甚至提出，人民币对美元的潜在侵蚀不会超过10年，而中国经济的强大为其货币的即将崛起创造了条件。[2]但是，这是对中国政府计划的过度解读。

人民币与美元

2009年3月——全球金融危机爆发几个月后，周小川在中国和世界范围内引发了一场激烈的讨论，他问道："我们需要什么样的国际储备

1 Benjamin J. Cohen，*The Geography of Money*（Ithaca，N.Y.：Cornell University Press，1998）；Benjamin J. Cohen，*The Future of Money*（Princeton，N.J.：Princeton University Press，2004）.

2 Arvind Subramanian，"Renminbi Reign：The Countdown Begins，" Business Standard，September 16，2011，http：//www.business-standard.com/article/opinion/arvind-subramanian-renminbi-reign-the-countdown-begins-111091600084_1.html；Arvind Subramanian，*Eclipse*：*Living in the Shadow of China's Economic Dominance*（Washington，D.C.：Peterson Institute for International Economics，2011）.

货币才能保持全球金融稳定、促进世界经济发展？”[1]虽然他没有明确表示要终结美元在国际货币体系中的主导地位，但他提议用一种“超主权货币”来克服“主权信用货币的内在风险”，也为“调节全球流动性”提供了可能。[2]政府官员解释道，雷曼兄弟破产后，流动性突然陷入枯竭，全球贸易几乎陷入停止状态，这使得国际货币体系本质上的脆弱性和内在的风险显现了出来。发行主要储备货币的国家（周小川非常谨慎地没有在讲话中提及美国）有时候可能处于这样的境地，即维持本国货币价值的目标与支持国内经济增长的目标相冲突。当面临这样的困境时，国内的目标优先于国际目标被考虑，因此在国际贸易和投资中使用和持有这种货币就可能导致更高的成本和风险。[3]

周小川的讲话是经验之谈。对于中国这样的贸易国家而言，美元的短缺（大部分国际贸易中用于计价和结算的货币）可能使订单暂停或造成供给大量延误。此外，中国积累了大量美元和美元资产，使其在美元价值发生变化时尤为脆弱。总之，正如周小川在讲话中所暗示的，由于持有大量的美元储备，中国正处在美国国内政策的阴影之下。

在讲话中，周小川提出要警惕持有像美元这样的主要国际货币并提议建立一种国际货币，这种货币与“单个国家的经济状况和主权利益无关”，这种思路引起了部分学者的兴趣，但随后由于几乎不可能付诸

1 Zhou Xiaochuan, “Reform [sic] the International Monetary System” essay posted on the PBoC website on 23 March 2009 http://www.pbc.gov.cn/english/130724/2842945/index.html.

2 同上。

3 同上。

实施而放弃。[1]相反，另一种思路——将国际货币体系由美元主导的体系转变为由多种货币主导的体系，引起了关注。很多中国学者[2]含蓄地假定，这种转变将在人民币成为成熟的国际货币之时出现。

尽管速度较慢，但是国际货币体系的确正在发生改变，这种改变是世界经济的秩序、治理和地缘政治变化的结果。就像20世纪下半叶的情况，让主要的经济和军事力量发行主要的货币可能会成为经济和政治历史上的特例而不是常规。事实上，在未来的10~20年，人民币和美元都将成为常规货币。人民币在贸易和金融中的国际使用将会增加，而其在其他关键货币中的相对权重也会增加；相反，美元的使用将会相对减少，尤其是在亚洲这样的地区，也包括拉丁美洲和非洲，因为中国正在这些地区扩张商业地位和投资。

然而，惰性和网络外部性（正如我在第1章讨论的）将在减缓美元主导地位的衰减过程中发挥重要作用。一个经济体只有达到和当下处于主导地位的经济体同样大的规模，才有机会建立起足够大的网络来挑战主要货币的权威地位。的确，中国在经济规模、出口和现在的金融交易等方面都具有举足轻重的地位，并具有推动自身政策和对世界其他国家产生影响的地缘政治影响力。中国建立了人民币战略和统一的政策方向，但是人民币要与美元相抗衡还需要进一步发展。鼓励使用人民币的

1 同上；"Report of the Commission of Experts of the President of the United Nations General Assembly on Reforms of the International Monetary and Financial System," United Nations，September 21，2009，http：//www.un.org/ga/econcrisissummit/docs/FinalReport_CoE.pdf. For a discussion on using SDRs as supranational currency，see Paola Subacchi and John Driffill，eds.，*Beyond the Dollar*（London：Chatham House，March 2010）.

2 例如，参见Chen Yulu，*Chinese Currency and Global Economy*（Chicago：McGraw-Hill，2014），125–149.

核心的市场基础设施和政策框架会激发外国投资者对人民币足够强大的需求吗？能够从领导层和政策角度说服外国投资者相信，中国是值得信赖的合作伙伴吗？

与此同时，美元也面临着反美情绪以及对罚款、制裁和治外法权的担忧，美国政府为推动自身外交政策安排而使用这些手段。以石油（尽管这些例子可以延伸到黄金、白银、铝、玉米、小麦、大豆和棉花）为例。[1]几乎绝大部分的石油价格都以美元计价，[2]而这种情况在19世纪中叶美国第一次石油钻孔时就形成了。1975年2月，美国和南非达成并签订了第一份石油协议，以确保石油输出国组织（Organization of the Petroleum Exporting Countries，简称OPEC）的成员国在出口石油时以美元计价。类似地，全球的石油进口国也被要求在进口石油时向石油输出国组织的成员国支付美元。基准原油期货合约也以美元计价，包括纽约商品交易所（NYMEX）轻质低硫原油期货合约和伦敦洲际交易所（ICE）的布伦特原油期货合约。

但是，石油生产国，尤其是美国势力范围之外的国家，越来越多地威胁要将使用其他货币来为石油计价作为一种报复手段。例如，2000年10月，后来由萨达姆·侯赛因（Saddam Hussein）领导的伊拉克政

1 所有这些商品都是以美元进行计价。只有可可、橡胶、铜、铅、锡是以其他货币计价。根据联合国贸易和发展会议（UNCTAD）发布的商品价格数据（http://unctadstat.unctad.org/wds/ReportFolders/reportFolders.aspx），3个月可可期货是以特别提款权计价，橡胶是以新加坡元离岸价格（FOB）计价，铜是以伦敦金属交易所（London Metal Exchange）官方现金结算价格计价，铅是以英镑计价，锡是以吉隆坡市场的马来西亚林吉特冶炼前价格计价。

2 在一些国家中，如印度、日本和中国，无论是现货还是期货，国内合约都是以本国国币进行结算。参见Elitza Mileva and Nikolaus Siegfried，*Oil Market Structure, Network Effects and the Choice of Currency for Oil Invoicing*，Occasional Paper 77（Frankfurt：European Central Bank，December 2007）.

府，要求在联合国管理的石油换食品计划（Oil-for-Food Program）中使用欧元结算出口石油。[1]虽然其他石油输出国组织的成员国都使用美元进行交易，但伊朗和委内瑞拉从2005年起，试图转换为用欧元进行交易。2006年2月，伊朗宣布了建立伊朗石油交易所的计划，目标是与纽约商品交易所和伦敦洲际交易所竞争。随后，2007年12月，伊朗停止在石油交易中接受美元，并于2008年正式设立石油交易所。2008年3月，由于美元的价值相较于欧元有所下降，委内瑞拉政府选择用欧元而不是美元签署部分石油合约。[2] 2012年1月，印度在德黑兰举行会议，讨论应对美国对伊朗石油出口制裁的替代性支付方案。然而，这些威胁从来都是不可信的，因为可能的选择（如欧元和日元）从国际地缘政治的角度来看不具有充分的影响力，欧元不是由国家发行的货币，而日元是由不具备独立外交和安全政策的国家发行的。

当然，美国的制裁和罚款并不仅限于石油。例如，2014年，纽约法庭对法国巴黎银行（BNP Paribas）罚款90亿美元，原因是该银行违反制裁，与苏丹、伊朗和古巴开展业务。[3]这引起了行业内的担忧，如果外国银行不遵守美国的规则，或是与由于鼓动替换美元而被制裁的国家发生利益联系，就有可能被切断美元支付系统。那些同时被美国和欧盟制裁的国家，对使用人民币及中国正在开发的新的支付基础设施尤为

---

1 “U.N. to Let Iraq Sell Oil for Euros，Not Dollars，” CNN，October 30，2000. Archived article available at http：//pegab.weebly.com/blog/un-to-let-iraq-sell-oil-for-euros-not-dollars.

2 Agnes Lovasz and Daniel Kruger，“Venezuela，Oil Producers Buy Euro as Dollar，Oil Fall，” Bloomberg，December 18，2006.

3 “U.S. Imposes Record Fine on BNP in Sanctions Warning to Banks，” Reuters，July 1，2014，http：//www.reuters.com/article/us-bnp-paribas-settlement-idUSKBN0F52HA20140701.

感兴趣，如由于乌克兰的俄罗斯危机（Russian-led crisis）而被制裁的俄罗斯。俄罗斯企业担心面临被封锁在美元市场之外的风险，同时也在一定程度上担心被封锁在欧元市场之外。他们使用人民币和其他亚洲货币，一位俄罗斯制造商的首席执行官宣布：“如果发生了什么，我们已经做好准备转换为其他货币，如人民币或港币。”这家企业出口收益的70%都是以美元结算。[1]关于具体数量的信息非常有限，但似乎在俄罗斯市场中进行的人民币交易都是基于贸易结算的目的。[2]

俄罗斯国有的石油和矿产企业，如俄罗斯天然气工业股份公司（Gazprom）和诺里尔斯克镍业公司（Norilsk Nickel），制定了以人民币结算的长期合同条款。[3] 2015年，俄罗斯第三大石油生产商西伯利亚石油公司（Gazprom Neft）和俄罗斯天然气工业股份公司的石油分公司开始使用人民币结算所有对中国的出口。[4]目前，俄罗斯的银行通过离岸市场（主要是中国香港）的人民币计价债券募集了总额约为48 200万美元的资金，包括俄罗斯外贸银行（JSC VTB Bank）、俄罗斯农业银行（Russian Agricultural Bank OAO）和俄罗斯标准银行（Russian Standard Bank ZA）。

尽管从地缘政治的角度来说，这非常有趣，但所有这些活动对国际金融造成的影响非常小。例如，自2014年年初以来，人民币—卢布

1 Jack Farchy and Kathrin Hille, “Russian Companies Prepare to Pay for Trade in Renminbi,” *Financial Times*, June 8, 2014.

2 Evgenia Pismennaya, “Moscow’s ‘Mr Yuan’ Builds China Link as Putin Tilts East,” Bloomberg, September 24, 2014, http: //www.bloomberg.com/news/articles/2014-09-23/moscow-s-mr-yuan-builds-china-link-as-putin-tilts-east.

3 Farchy and Hille, “Russian Companies Prepare to Pay for Trade in Renminbi.”

4 Jack Farchy, “Gazprom Neft Sells Oil to China in Renminbi Rather Than Dollars,” *Financial Times*, June 1, 2015.

的交易量有所上升，但月平均交易量非常小，约为30 000万美元。[1]由于人民币有限的流动性和更高的交易成本，即使是在被制裁的俄罗斯，企业也拒绝转而使用人民币，尤其是美国和欧盟实施的制裁仍然允许其使用美元和欧元用于购买石油和天然气。

人民币仅提供了少量的多元化，并且这对美国来说仍然是一种本质上比较微弱的威胁（尽管这并没有阻断在美国政治争论中所鼓吹的威胁，正如一些十分偏执的说法："停止借款！美元的今天……就是人民币的明天。"一家银行的告示上这样写着，该银行位于北卡罗来纳州的富兰克林）。[2]因此，无论非美国居民对美国的观点和看法如何，他们仍然压倒性地更喜欢持有美元。几个月前，我主持了一场讨论，与中国香港的一群高级公务员一起探讨国际货币体系，其中一位就反对美元发表了长篇大论，并含蓄地反对美国在亚洲地区的主导地位。她总结道："我们讨厌美元。"她的同事点头表示赞同。当我指出她的观点所存在的基本问题时，即中国持有的大量美元储备表明中国喜欢美元，她指出，这是一个"爱与恨"的案例，并总结道："我们喜欢美元，但我们讨厌美国。"

最终，人民币的国际化将增加人民币在国际中的使用，同时美元的相对权重会降低。但是，人民币在国际货币体系中的最终地位将直接取决于中国政府推动的金融和货币改革以及恢复经济平衡是否成功。2015年春，在美国华盛顿特区举行的国际货币基金组织—世界银行

---

1 Chiara Albanese, "Russia Shuns Dollar as Putin Strengthens Ties with China", *Wall Street Journal*, November 14, 2014, http://www.wsj.com/articles/russia-shuns-dollar-as-putin-strengthens-ties-with-china-1415972720.

2 引自 Benjamin J. Cohen, "The Yuan Tomorrow? Evaluating China's Currency Internationalization Strategy," *New Political Economy* 17, no. 3 (2011): 361–371.

（IMF-World Bank）会议中，周小川表示，改善人民币国际使用和“进一步增加资本账户可兑换性”[1]的措施都在酝酿之中。将开放更多的渠道让资金流入和流出中国，而资本的流动也将更加便利。但是，正如我在第9章所讨论的，这些流动都是“有管理的”——而这里所说的“有管理的”并不是简单地意味着不定期实施监管和更严格的措施。由于现有的银行和金融体系存在缺陷，中国尚没有做好完全开放资本账户的准备。资本账户可兑换性的“中国模式”是指支持人民币的这种流动性将继续由中国人民银行控制。此外，中国货币当局将继续对汇率进行管理。因此，他们将继续在资本账户没有完全自由化的条件下，通过实施允许人民币流入和流出中国的措施来推动人民币在国际中的使用，就像英国和美国的模型所预测的那样。

只要国内的政策关注点和既得利益继续阻碍改革，包括银行、省级政府、国有企业和出口商，同时假定继续保持有管理的可兑换性，人民币发展为成熟的国际货币和国际货币系统的主要参与者就会受到抑制。人民币能够以多快的速度转变为成熟的国际货币，取决于国内金融改革的速度和深度。

人民币与国际货币体系

人民币在其他方面也区别于同类货币，如人民币是唯一由发展中国家发行但被纳入特别提款权篮子的货币。通常认为，主要货币可以并

1 “IMFC Statement by Zhou Xiaochuan，Governor，People’s Bank of China”（Thirty-First Meeting of the International Monetary and Financial Committee，International Monetary Fund，Washington D.C.，Apirl 18，2015），5，https：/www.imf.org/External/spring/2015/imfc/statement/eng/chn.pdf.

且只能由实行市场经济和民主的发达国家发行，人民币挑战了这一观念。这也使中国面临使用国际标准进行治理的挑战。良好的治理支持着对货币的信心以及货币在国际中的使用。持有人民币的非本国居民需要确认国内的政策不会影响货币的价值；否则，如果人民币的价值和流动性都继续受到相关管理部门的管控，那么他们将会质疑持有这种货币的理由。

因此，中国的制度缺陷限制了人民币在国际中的使用，制度缺陷不同于可兑换性，可兑换性可以持续进行改进，甚至在可控的条件下实现。例如，考虑到中国人民银行并不是独立的中央银行这一事实，它不能在未获得国务院批准的情况下设定最终的目标或工具，它的方式是通过达成共识来制定规则，因此必须考虑不同利益主体的观点，如出口企业。这导致了过度的渐进主义和部分情况下相互冲突的措施，例如，2015年8月，中国人民银行干预外汇市场以维持汇率的稳定。正如我在全书所讨论的，汇率的改革仍然不完整，发出了令人困惑的信号，并使得中国货币当局依靠市场干预而不是遵循关键国际货币的路径（采用灵活的完全浮动的汇率制度）。市场干预削弱了外国投资者对人民币的信心，同时不同于商品贸易的情况，国际金融需要大量的信心和信用来说服储蓄者和投资者付出他们的一部分资金。

结果，由于人民币在亚洲具有很强的吸引力，亚洲成为人民币有望突破美元主导地位的地方。规模庞大的中国贸易和中国人民银行与主要贸易伙伴签署双边自由贸易协定的战略，拓展了人民币作为结算货币的使用。在亚洲，人民币发挥的作用与欧元在欧洲和美元在美国所发挥的作用非常相似。从这种意义上说，周小川呼吁建立一种新的多元货币体系是正确的，在这样的体系中，关键国际货币在部分地区发挥主导作用，但任何一种货币都不是货币霸主。

人民币要成为国际贸易和金融的主要货币以及成为储备货币还需要一定的时间。人民币将继续增加市场份额，而美元的份额将下降，但这种增加是相对的而不是绝对的。在2011年发布的一项研究中，国际货币基金组织将人民币视为三种可能挑战美元地位的货币之一，其他两种货币分别是欧元和日元。[1]这样看来，人民币似乎成了多元国际货币体系中的主要国际货币之一，但它不会成为主导货币。[2]换句话说，美元主导地位的终结并不标志着人民币主导地位的开始。[3]

正如我在第6章所讨论的，人民币只有在中国人民银行通过指定渠道提供流动性的情况下才是可兑换的国际货币，即从离岸市场向自由贸易区流动。中国的中央银行将持续支持这种流动，且数量将会增加。然而，正如我在第9章所讨论的，这些流动是有管理的流动，而这里的“有管理的”并不简单意味着不定期地实施宏观、审慎的措施。由于银行和金融体系存在缺陷，中国尚未做好准备开放资本账户，因此控制流入和流出的机制和配额将继续保留。资本账户可兑换性的“中国模式”意味着支持人民币的流动性最终由中国人民银行控制，同时中国的货币当局将继续对汇率进行管理。

人民币发展为主要国际货币之一的路径非常清晰，而国际货币基金组织的决定巩固了这条路径。随后，人民币发展的步伐和范围最终取决于中国领导层推动改革的深度和速度。正如我在全书所讨论的，这里存在不同的观点（通常是相反的）和利益，而占主导地位的观点是将渐进主义和可控性优先于快速的改革和开放。因此，在易于实施的改革措施（我在第9章所描述的“长在低处的果实”）耗尽之前，目前的状

1 Strategy，Policy and Review Department，IMF，2011.

2 Cohen，“The Yuan Tomorrow？”

3 关于这一点，还可以参见Kirshner，“Regional Hegemony，”236–237.

况很可能还要维持数年。因此，人民币在未来几年中的发展可能不会很迅速。

故事的结尾

人民币是一种正在发展的国际货币，在最近的30年，它为国际货币体系转型为反映世界经济动态变化的货币体系做出了贡献。在这个过程中，中国既是重要的因素，又是催化剂。为了制定人民币战略，中国借鉴了历史并重新书写了历史。在这个过程中，中国没有可参考的标准，因为中国的经验与其他经历过类似过程的国家截然不同。中国既是发展中国家，又是一股重要的国际力量，但是不同于货币处于金本位时代的英国和美国，目前的中国还不是超级大国。从人均收入的角度来看，中国仍然是一个中等发达国家，而更加肯定的是，中国是国际金融体系中不成熟的力量。中国是由中国共产党领导，中国的经济是计划经济和市场经济的混合体。同时，不同于英镑和美元诞生时的英国和美国，中国不能将货币与某种商品挂钩，如黄金。中国在探索前进的道路时，"摸着石头过河"。

世界经济（和地缘政治）的秩序正在改变，而中国是这一发展过程中的主要力量。同时，当前的世界经济比30年前日元尝试国际化时更加一体化，中国将继续把握由此带来的机遇。当前的时机并不是非常理想，而世界经济也许没有为人民币战略提供合适的环境。当美国和其他发达国家的利率几乎为零时，中国遭遇了热钱冲击，这削弱了中国人民银行对货币的控制，并使国内市场的利率大幅下降。而当美联储的货币政策开始转变时，中国又面临着反向的问题。

即使面临非常不理想的境况，中国也不能用数十年的时间来等待货币自然发展。也就是说，中国不能等到建立起具有流动性和多元化的金融市场，以及实现资本账户完全自由化和人民币的完全可兑换以后，才开始推动发展。最终，中国也会步入当前的转型之中。因此，有管理的可兑换性和人民币战略——超越离岸市场，将在可预见的未来变为规范。

本书中，我研究了中国如何实现转型，从一个贫穷孤立的国家变为世界第二大经济体。我认为，保持对资本流动的控制和让人民币钉住美元是适合中国的经济增长模式和发展方式，但同时，这也固化了人民币在国际化过程中受到限制的地位，使其在国际市场中几乎没有吸引力。现在，中国正在改变这一局面。

中国领导人的志向不在于与美元竞争并最终替代美元在国际货币体系中的主导地位，而在于提供一种替代性的方案并让人们进行选择。当前美元体系的一种替代性选择是多元货币体系，该体系反映了多极化的国际经济秩序。关键问题在于，这个体系是否能够真正具有互补性，或者是否具有不同的标准——例如，不可兼容的货币支付系统将导致本质上的支离破碎。然而目前，这个问题还没有答案。中国在美元主导的系统下发展经济和规划转型。中国多次在多边国际金融机构（如国际货币基金组织和世界银行）中发出信号，表示愿意遵循已有但经过改革的体系。

同时，中国积极推动区域多边组织的建设，如亚洲基础设施投资银行。在亚洲地区，人民币已经开始打破美元的主导地位，相关的行动（如亚洲基础设施投资银行、新开发银行以及亚洲与欧洲之间陆路和水路联系的建设计划）确保了人民币在区域内的主导地位。亚洲的基础设施建设投资需求很大，足以支持在区域内建设另一家开发银行，这是经济原因，除此之外，地缘政治也是一个重要方面。新银行的设立可以视为亚洲开发银行（Asian Development Bank，简称ADB）影响力的一种平衡。亚洲开发银行的主要股东是美国和日本。中国对其几乎没有影响力。

我们正处于全球经济治理的一个有趣的时刻。2015年，中国表达出重构国际经济治理的意愿，发起成立了亚洲基础设施投资银行，并且受到欢迎，人民币被纳入国际货币基金组织的特别提款权篮子。中国领导人希望建立一种新的治理模式，这种模式不再以美国和布雷顿森林体系为中心。2015年12月，习近平就2016年G20峰会发表致辞，中国会像致辞中所提到的那样，继续引领G20的讨论，并致力于构建“创新、活力、联动、包容的世界经济”吗？换句话说，美国和欧洲各国（包括英国、德国和法国）会愿意改革自第二次世界大战以来建立的国际治理框架，并为所谓的新兴力量留出空间吗？

到达“中国元”时代有两条路：一条路指向分割的国际治理、相互冲突的贸易和投资标准，以及两大阵营——美元阵营和人民币阵营，互相展开较量；另一条路则指向更加开放、更加包容和更加和平的世界。世界将会沿着哪一条道路发展尚不明确，但无论朝哪一条道路发展，都将有人民币的身影。